추천 | (사)한국과학기술출판협회

추천 | (사)한국마술협회 박민수

'코리아 컵 매직 콘테스트 Grand Prix', '제5회 홍콩 국제 마술대회 심사위원 특별상',
'월드매직 심포지엄 요코하마 일본마술협회 회장상', 'KBS 대한민국 1교시 매직배틀 Grand Prix',
'호주마술협회 100주년 기념 대회 3위 입상', '프랑스 마술대회 Special Award',
'FISM ACM 2009 대회장상' 등 권위 있는 대회에서 많은 상을 받은 실력파 마술사예요.
〈내 딸 서영이〉, 〈마녀의 연애〉, 〈비밀의 문〉 등 방송 드라마의 마술 연출을 담당했답니다.

감수 | Yamamura Shinichiro

과학 정보를 기사나 작품 등으로 정리하는 일본의 작가예요. 일본의 와코대학 강사로도 일하고 있어요.

옮김 | 최윤정

부산대학교에서 일어일문학을 전공하고, 세종대학교대학원에서 일본학을 전공했어요.
개구쟁이 두 아들, 래현이와 윤우를 키우면서 지금은 일본도서 및 영상 번역가로 왕성하게 활동하고 있고요.
우리나라 아이들이 좋아할 만한 일본의 좋은 책을 찾아 우리말로 옮기는 일에 큰 즐거움을 얻고 있답니다.
옮긴 책으로 《해협의 남쪽》 등이 있어요.

똑똑도서관5

마술같은 과학실험 교과서

초판 1쇄 펴낸날 2023년 1월 10일

기획 주니어 과학교실
감수 Yamamura Shinichiro
추천 (사)한국과학기술출판협회 / (사)한국마술협회 박민수
옮김 최윤정

펴낸곳 주니어골든벨 | **발행인** 김길현
본문디자인 소원나무
편집·디자인 조경미, 엄해정, 남동우 | **제작진행** 최병석 | **웹매니지먼트** 안재명, 서수진, 김경희
공급관리 오민석, 정복순, 김봉식 | **오프라인마케팅** 우병춘, 이대권, 이강연 | **회계관리** 김경아

등록 제1987-000018호 ⓒ 2023 GoldenBell Corp.
주소 서울시 용산구 원효로 245(원효로 1가 53-1) 골든벨 빌딩 5~6F
전화 도서 주문 및 발송 02-713-4135 / 회계 경리 02-713-4137
　　　내용 관련 문의 02-713-7452 / 해외 오퍼 및 광고 02-713-7453
홈페이지 www.gbbook.co.kr
ISBN 979-11-5806-593-5
정가 16,000원

* 주니어골든벨은 (주)골든벨의 어린이 도서 브랜드입니다.
* 이 책은 저작권법에 따라 보호받는 저작물이므로, 저작권자와 주니어골든벨의 허락 없이는 이 책의 내용을 쓸 수 없습니다.

FUSHIGI! ODOROKI! KAGAKU MAGIC ZUKAN
Copyright ⓒ 2014 by POPLAR Publishing Co.,Ltd.
Editorial Supervisor by Shinichiro Yamamura
All rights reserved.
First published in Japan in 2014 by POPLAR Publishing Co.,Ltd.
Korean translation rights arranged with POPLAR Publishing Co.,Ltd.
through Shinwon Agency Co.
Korean edition copyright ⓒ 2015 by Golden-bell Publishing Co.

이 책의 한국어판 저작권은 신원 에이전시를 통해 POPLAR Publishing Co.,Ltd.와 독점계약한 주니어골든벨에 있습니다.
신 저작권법에 의하여 한국 내에서 보호를 받는 저작물이므로 무단전재와 복제를 금합니다.

너한테만 알려 줄게!

흥미로운 과학실험 매직쇼, 이렇게 해 보세요.
과학실험 성공의 비결!

1 준비물을 잘 갖추어요

준비물을 빠짐없이 갖추고 쓰기 편하게 위치와 순서를 정해 늘어놓아요.

준비물만 잘 갖추어도 절반은 성공한 거란다.

2 반복해서 연습해요

성공 비결은 연습을 아주 많이 하는 거야!

실패하더라도 차례대로 끝까지 해 봐요. '왜 안 될까?' 하는 고민도 하면서 계속 연습하세요. 그러면 실제로 마술을 할 때 뜻밖의 일이 생겨도 당황하지 않아요. 연습해 보며 실패하는 이유를 찾아보아요. 마술을 할 장소에서 미리 연습을 하면서 상대방의 위치에서 어떻게 보이는지도 꼭 확인하세요.

★ 이런 실수에 주의하자!

사라졌다 다시 나타나는 마법의 그림 … 20쪽

관객이 위에서 비스듬히 봐야 해. 조금이라도 떨어져서 보면 그림이 사라지지 않거든.

어! 그림이 안 사라졌네?

사람들의 수에 맞추어 마술을 골라야 해! 또 어디에 상대방을 세울지도 중요해.

3. 어떻게 공연할지 연구해요

마술 대본을 꼼꼼히 써서 동작과 대사를 외워요. 대본에 맞추어 마술 도구에 장식을 달아 놓으면 공연이 시작되기 전에 사람들이 기대를 한답니다. 또 중요한 장면에서 관객을 더욱 깜짝 놀라게 하기 위해서 소품을 이용하면 효과 만점! 예를 들어 손수건을 이용하여 불가능하다는 표정을 지어서 관객을 속여요. "하지만 저는 할 수 있어요."라고 하며 마술을 시작하는 거예요. 그러면 관객이 흥미를 가지고 마술에 집중할 거예요.

꿈틀꿈틀 셀로판지 ⋯ 124쪽

우아, 기대된다!
두근두근

사라진 동전 ⋯ 14쪽

콩닥콩닥
손수건 속에서 무슨 일이 벌어질까?

힘차게 떨어지는 풍선 ⋯ 106쪽

무거운 쪽이 당연히 빨리 떨어지겠지!

4. 내가 진짜 마술사라고 생각해요

다음 4가지를 기억하면 진짜 마술사가 될 수 있어요.

> 첫째, 등을 곧게 펴고 당당하고 자신감 있게 행동해요.
> 둘째, 여유롭게 웃는 얼굴로 무대 분위기를 밝게 만들어요.
> 셋째, 관객에게 말을 걸 듯 큰 소리로 말하며 마술에 주목하게 해요. (한 사람 한 사람 눈을 맞추며 우스갯소리도 적당히 넣어요.)
> 넷째, 나는 진짜 마술사라고 생각하고 관객을 이끌어요.

정말 마술을 부린다는 생각으로 해 보렴!

색깔이 변하는 신기한 검정 잉크 ⋯ 152쪽

숨어 있는 색깔아! 나와라 얍!

무대를 즐기렴. 너무 긴장하면 무대 분위기도 썰렁해지거든.

무슨 일이 벌어질 것 같니?	나는 마법을 쓸 줄 알거든.	으악! 어, 어쩌지?	음……, 다음이 뭐더라?	

말을 거는 것처럼	자신만만하게	당황하거나	횡설수설하거나	

감수의 글

마술같은 흥미로운 과학의 세계

마술의 매력은 생각지도 못한 일들이 바로 눈앞에서 벌어진다는 거예요.

그래서 마술을 본 사람들은 깜짝 놀라며 '어떻게 된 거지?' 하고 무척 궁금해하지요. 이러한 궁금증은 과학을 향한 의미 있는 출발점이 됩니다. 곰곰이 생각하며 그 해답을 찾아가다 보면 과학적으로 사고하는 힘이 길러지기 때문이에요. 이를 통해 이제껏 몰랐던 내용뿐 아니라 다양한 지식을 얻게 되고요. 오늘날 첨단과학 기술이나 노벨상을 받은 연구도 처음에는 모두 '어떻게 된 거지?' 하는 궁금증에서 시작되었다고 해요.

《마술같은 과학실험 교과서》는 집에서 간단히 해 볼 수 있는 마술비법을 소개하며 그 속에 숨어 있는 과학의 원리를 설명하는 책이에요. 총 5장으로 구성되어 있으며 1장에는 빛을 이용한 마술, 2장에는 압력과 공기를 이용한 마술, 3장에는 전기와 자석을 이용한 마술, 4장에는 운동과 힘을 이용한 마술, 5장에는 물질이 지닌 성질을 이용한 마술 등 다양한 영역에서의 마술을 경험해 볼 수 있어요.

눈으로 봐도 즐겁고 직접 해 봐도 재미있는 《마술같은 과학실험 교과서》는 다른 사람에게 볼거리를 제공해 주면서 자연스레 과학의 원리도 깨우치는 책이랍니다.

어린이 여러분, 혼자 시험해 보고 놀라기도 하면서, '어떻게 된 거지?' 하고 그 원리를 연구해 보세요. 과학원리가 한눈에 파악되면 마술을 더 잘할 수 있는 방법도 생각나고 더 많은 궁리를 하게 될 거예요. 또 가족이나 친구들을 깜짝 놀라게 하면서 다 함께 즐겁게 놀아 보세요. 그러다 보면 발견의 즐거움이 넘치는 과학의 세계가 눈앞에 펼쳐지는 경험을 맛보게 될 겁니다.

Yamamura Shinichiro

나도 과학마술사가 될 수 있어요!

우리 생활 곳곳을 들여다보면 손쉽게 과학을 찾을 수 있어요. 상상 속에서만 일어날 것처럼 보이는 마술 또한 과학의 하나랍니다.

흔히 마술을 속임수로만 생각하는데, 전혀 그렇지 않아요. 사람들의 흥미를 일으키는 환상적인 마술 공연에는 마술사의 엄청난 노력과 더불어 놀라운 과학의 비밀이 숨겨져 있어요. 마술사는 사람들에게 즐거움을 주기 위해 다양한 연기 및 퍼포먼스를 준비하고, 과학의 원리를 이용한 마술을 발굴해 내지요. 이처럼 예술과 과학이 어우러진 마술의 세계는 무궁무진하며 어린이들에게 상상력과 창의력, 성취감을 심어 준답니다.

《마술같은 과학실험 교과서》는 어린이가 생활 속 도구를 이용하여 할 수 있는 다양한 마술의 종류를 어린이의 눈높이에 맞게 쉽게 설명해 주는 좋은 책입니다. 마술 속에 숨은 과학의 원리를 바탕으로 사람들에게 마술을 어떻게 보여 줘야 할지를 알려 주지요. 마술에 관심이 있거나 설령 관심이 없어도 이 책을 통해 손쉽게 마술을 접하다 보면, 마술의 매력에 푹 빠지게 될 거예요.

오늘날 마술은 초등학교 수업에서뿐만 아니라 많은 마술 공연을 관람할 만큼 사람들에게 인기가 있어요. 물론 사람들은 마술이 진짜가 아니라는 건 알고 있어요. 하지만 진짜가 아니라고 해서 실망하는 것이 아니라, 마술 자체를 대단히 즐기고 있답니다. 마치 어린이들이 산타클로스의 존재를 알면서도 크리스마스를 기대하고 즐기는 것처럼 마술에 숨어 있는 비밀을 신기하듯 바라보며 마술을 맘껏 즐길 수 있어야 해요.

마술은 과학이에요. 과학으로 증명할 수 없는 것은 마술이 아니지요. 과학을 바탕으로 마술사는 연기를 하므로 마술은 단순한 속임수가 아니랍니다.

또 마술은 공연이에요. 마술은 고도로 숙련된 기술을 통하여 사람들에게 머릿속의 환상을 실제로 일어나는 것처럼 보여 준답니다.

이 책을 통해 어린이 여러분이 과학과 공연을 모두 경험하는 과학마술사가 되기를 바랍니다. 그리고 무엇보다 마술은 연습이 중요해요. 연습을 많이 하다 보면 실수가 줄고, 사람들을 깜짝 놀라게 하는 공연을 할 수 있게 되지요.

너무 어렵게 생각하지 말고 도전해 보세요. 어느새 영재 과학기술자가 되어 있을 거예요.

(사)한국마술협회 마술사 박민수

차례

과학마술, 성공의 비결! 6
감수의 글, 추천의 글 8, 9
일러두기 12

1장 빛의 마술

사라진 동전 14
마법의 투시경 16
🎥 사라졌다 다시 나타나는 마법의 그림 20
더 알고 싶은 과학 – 빛의 다양한 성질 24
마법의 특제 형광 음료수 28
7번 변하는 그림자 색 32
더 알고 싶은 과학 – 빛의 색과 파장 36

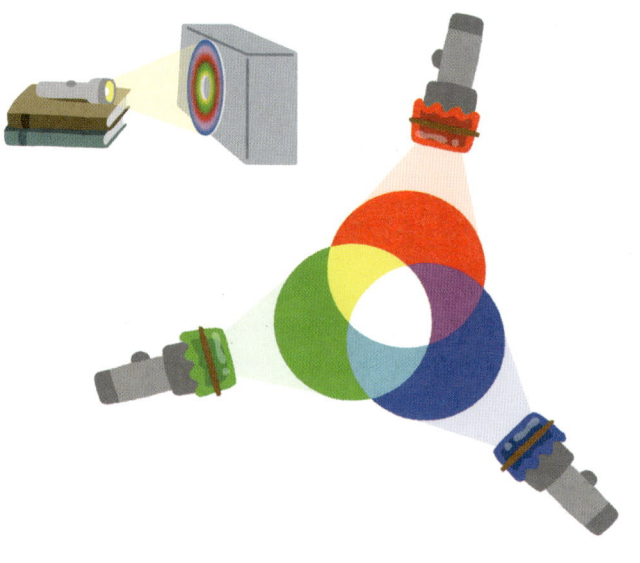

2장 압력과 공기의 마술

점점 커지는 마시멜로 40
뒤집어도 물이 쏟아지지 않는 이상한 컵 44
🎥 숨 쉬는 마법의 풍선 48
흐르던 물이 멈추는 마법의 병 52
더 알고 싶은 과학 – 우리를 둘러싼 '대기압' 54
마법의 숨을 불어넣으면? 56
물고기를 잡아당기는 투명 끈 60
더 알고 싶은 과학 – 압력의 전달 구조 64

3장 전기와 자석의 마술

보이지 않는 힘을 끊는 마법의 가위 68
🎥 꽃을 피우는 종이컵 72
더 알고 싶은 과학 – 자석의 힘(자기력) 76
잘 안 떨어지는 이상한 구슬 78
딱 멈추는 진자 82
물줄기를 휘게 하는 마법의 풍선 86
더 알고 싶은 과학 – 전기에 의해 생기는 현상 88

4장 운동과 힘의 마술

동전을 통과하는 마법의 펜 92
구멍에서 물이 새다가 멈춘다! 마법의 페트병 96
더 알고 싶은 과학 – 중력이란 어떤 힘인가요? 100
공중에서 멈추는 마법의 풍선 102
힘차게 떨어지는 풍선 106
더 알고 싶은 과학 – 유체의 움직임과 공기 저항 108
명령하면 움직이는 신기한 진자 110
콩알만 한 지우개로 움직이는 빈 깡통 114
더 알고 싶은 과학 – 무게와 관성 그리고 진자의 주기 118

5장 물질이 지닌 성질의 마술

물이 새지 않는 마법의 봉지 120
꿈틀꿈틀 셀로판지 124
더 알고 싶은 과학 – 물질의 성질과 분자 128
건드리면 헤엄치는 참깨 130
손으로 붙잡을 수 있는 신기한 액체 134
더 알고 싶은 과학 – 서로 끌어당기는 분자의 힘 138
한순간에 얼어 버리는 마법의 물 140
녹지 않는 얼음을 만드는 작은 씨앗 144
얼음을 낚는 마법의 가루 148
더 알고 싶은 과학 – 꽁꽁 언다는 게 어떤 걸까요? 150
색깔이 변하는 신기한 검정 잉크 152
주문을 걸면 변신하는 기적의 주스 156
때를 벗기는 마법의 소스 160
더 알고 싶은 과학 – 분자의 종류와 화학 변화 164

찾아보기 166
한눈에 보는 과학마술 168

일러두기

난이도
★로 난이도를 표시했어요. ★이 많을수록 어려워요.

시간
실험을 하는 데 걸리는 시간이에요.

분야
'빛', '압력과 공기', '전기와 자석', '운동과 힘', '물질이 지닌 성질'의 다섯 분야로 나뉘어져 있어요.

따라 해 보세요!
공연의 진행 순서를 알려 주어요.

준비물
실험할 때 사용할 재료, 도구 등을 표시했어요.

주의
실험 진행 시 주의할 점을 반드시 읽어 보세요.

실험비법 준비하기
마술비법을 준비하는 방법을 설명해요.

포인트
실험을 성공시키고 관객을 깜짝 놀라게 하기 위한 비결이 나와 있어요.

과학으로 실험비법 밝히기
실험의 신기한 현상이 어떻게 일어나는지 간단히 설명하고 있어요.

응용놀이
실험을 응용한 놀이나 연계할 수 있는 학습 방법을 소개해요.

더 알고 싶은 과학
실험에 응용된 과학 지식을 자세히 소개하여 실험의 원리를 좀 더 이해할 수 있어요.

실험해 보자
설명과 관련된 실험을 소개해요.

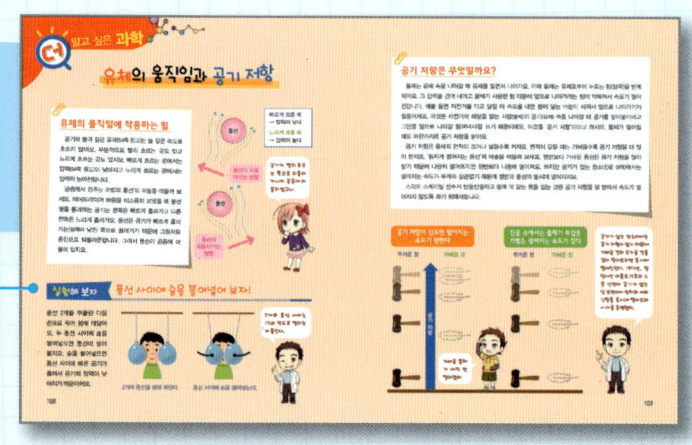

1장 빛의 마술

난이도 ★☆☆☆☆
시간 5분

사라진 동전

동전이 갑자기 사라졌어!

앗, 사라졌다!

준비물
- [ ] 투명한 컵 1개
- [ ] 접시 1장
- [ ] 동전 1개
- [ ] 물
- [ ] 손수건

마술비법 준비하기
컵에 물을 3/4 정도 부어요.

포인트
위에서 비스듬히 보게 해야 한단다.

접시를 손수건으로 씌운 뒤, 컵 전체가 손수건에 가려지도록 놓아두어요.

빛의 마술 1장

따라 해 보세요!

1

동전 위에 컵을 놓고 기합을 넣으면 어떻게 될까요?

물이 들어 있는 컵을 동전 위에 놓고, 위에서 들여다보게 하세요. 컵 아래에 있는 동전을 확인할 수 있어요.

2

자, 기합을 넣겠습니다. 동전아, 사라져라, 얍!

접시를 손수건으로 덮은 뒤 그대로 컵에 씌워요. 그런 다음 힘껏 기합을 넣어요.

3

동전이 어디로 갔을까요?

덮었던 손수건을 치워요.

4

동전한테 나오라고 해 볼까요? 나와라, 얍! 보세요. 다시 나왔죠?

접시와 컵을 옆으로 옮겨서 동전을 보여 주어요.

 ## 과학으로 마술비법 밝히기

컵 위에 접시를 덮어 놓기 전에는 컵 아래에 있는 동전이 보여요. 동전에서 반사된 빛이 눈에 들어오기 때문이에요. 하지만 접시를 덮어 놓으면 컵을 들여다보는 눈의 위치가 바뀌어서 빛이 눈에 들어오지 않게 된답니다. 그래서 동전이 보이지 않는 거예요.

접시가 없을 때

빛이 눈에 들어와 동전이 보인다.

접시가 있을 때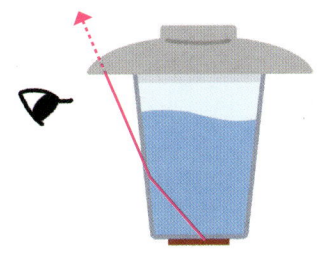

눈의 위치가 바뀌면서 동전이 보이지 않는다.

난이도 ★★☆☆☆
시간 10분

마법의 투시경

맞혔어!

진짜 맞혔어?

D!

마법의 투시경으로 들여다보면 봉투 속에 뭐가 들었는지 보여!

 빛의 마술 1장

따라 해 보세요!

1

"눈을 감고 있을 테니 종이에 알파벳 하나만 크게 써 주세요."

사용할 도구를 펼쳐 놓아 속임수를 사용하지 않았음을 보여 주어요. 그런 다음 흰 종이와 펜을 주고 머릿속에 떠오르는 알파벳 하나를 쓰게 해요.

2

"알파벳이 적힌 종이를 접지 말고 작은 봉투에 넣어 주세요."

등을 돌린 상태에서 상대방에게 종이를 접지 말고 작은 봉투에 넣으라고 말해요.

3 "글자가 비칠 수도 있으니까 봉투를 하나 더 넣어 주세요."

작은 봉투를 큰 봉투에 넣게 해요.

4

"그럼 마법 투시경을 쓰고, 봉투 속 글자를 맞혀 볼게요. 음~, 당신이 쓴 글자는 'D'네요!"

봉투에 글자가 비치지 않음을 확인하게 한 뒤, 투시경을 봉투에 대고 들여다보며 **1**에서 상대방이 쓴 글자를 읽어요.

5 "어때요? 제 투시력으로 맞혔죠?"

"어떻게 알았지?"

봉투에서 종이를 꺼내 글자를 확인해요.

★ 준비물

- ☐ 큰 봉투, 작은 봉투 각 1장(얇고 하얀 것)
- ☐ 종이 대롱 1개(길이 약 25㎝의 포일이나 랩 심지 등)
- ☐ 흰 종이 1장(5㎝×5㎝로 자른 복사 용지)
- ☐ 두꺼운 검정 펜
- ☐ 도화지(책상에 깔 종이)

대롱을 예쁜 색종이로 꾸미거나 그림을 그리면 더 재밌겠다!

★ 마술비법 준비하기

1

종이 대롱이 없을 때는 마분지를 말아서 지름 3㎝ 굵기의 대롱을 만들어요.

2

상대방이 글자를 쓸 때, 펜의 잉크가 책상에 묻지 않게 도화지를 깔아 두어요.

📢 포인트

밝은 창이나 전등 빛이 있는 쪽을 향해 봉투를 내밀고 대롱으로 들여다보면 잘 보여요.

글자가 잘 보이는지 미리 확인해 두어요. 잘 안 보일 때는 봉투를 한 장만 사용하거나, 얇은 봉투를 준비해요.

과학으로 마술비법 밝히기

밝은 장소에서는 봉투 겉면에서 빛이 반사되어(25쪽 참고) 밝게 보여요. 그래서 봉투 안에 무엇이 들어 있는지 보이지 않는답니다. 하지만 투시경으로 봉투에 닿는 빛을 막으면, 봉투 겉면이 밝게 보이지 않아서 뒤쪽으로부터 통과하는 빛을 약간 볼 수 있어요. 그 약간의 빛이 글자 부분을 통과하면 봉투에 검은 글자가 비쳐서 보여요.

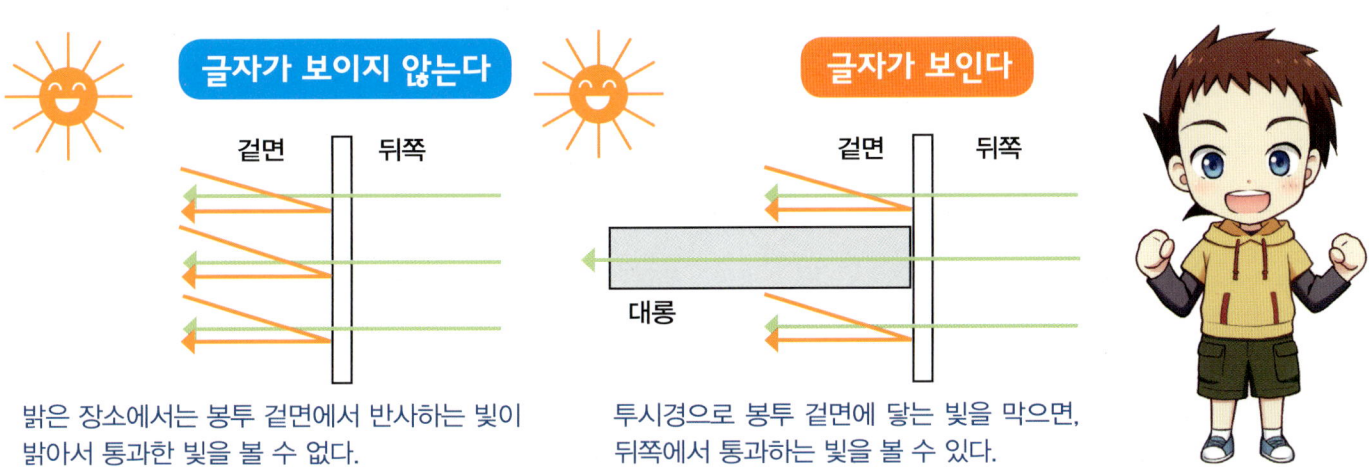

응용놀이

빛에 비춰 봐!

주변에 있는 물질을 빛을 향해 비춰 보세요. 평소에는 표면에 닿는 빛이 반사되어 잘 보이지 않는 물질들도 그 내부를 살펴볼 수 있답니다. 식물의 잎이나 채소를 얇고 둥글게 썰어서 비춰 보면 더욱 좋아요.

무를 얇고 둥글게 썰어 보렴. 가는 선이 보이지? 투시경을 이용하면 더 분명히 보인단다.

주의! 태양 빛을 직접 바라보지 않아요. 눈을 다칠 수 있거든요.

 난이도 ★☆☆☆☆
 시간 5분

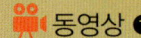 동영상 ❶

사라졌다 다시 나타나는 마법의 그림

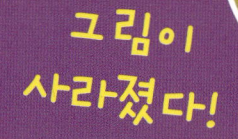 그림이 사라졌다!

그림이 갑자기 사라졌어!
앗, 사라진 그림이 다시 나타났네?

어! 어떻게 된 거지?

따라 해 보세요!

빛의 마술

1

컵에 그려져 있는 그림을 보여 주어요.

2

그림이 그려진 컵 위에 다른 컵 한 개를 덮어씌워요.

3

컵을 물속에 천천히 밀어 넣어요.

4

컵을 물속에 넣으면, 조금 전까지 보였던 그림이 감쪽같이 사라져요.

5

주문을 외우면 그림이 다시 나타나요.

준비물

- [ ] 플라스틱 컵 2개
- [ ] 투명한 그릇 1개(수조처럼 바닥이 평평한 것)
- [ ] 유성 펜
- [ ] 송곳
- [ ] 물

주의! 송곳으로 구멍을 뚫을 때 손을 다치지 않도록 조심해요.

마술비법 준비하기

1

컵 한 개를 뒤집은 다음, 컵 바닥에 지름 2㎜ 크기의 구멍을 뚫어요. 컵을 쥐었을 때 손가락으로 막기 쉬운 위치에 뚫어요.

2

다른 컵에 가로세로 3~4㎝(조금 큰 컵의 경우는 6~7㎝) 크기의 그림을 그리고, ❶의 컵을 그 위에 씌워요.

3

이중으로 겹친 컵이 전부 잠길 만큼 물을 투명한 그릇에 부어 책상 위에 올려놓아요.

포인트

사람들을 그릇 가까이로 불러 모으고, 서서 보게 하세요. 이중으로 겹친 컵을 물 속에 넣을 때에는 바깥쪽 컵에 뚫은 구멍을 손가락으로 막고서 천천히 밀어 넣어요. 이때 컵이 비뚤어지지 않고, 수면과 수직이 되어야 해요.
컵을 넣었으면 주문을 위우면서 구멍을 막고 있던 손가락을 떼요. 눈에 띄지 않게 손가락을 조금씩 옆으로 밀 듯이 옮기면 좋답니다.

바로 옆에서 보면 그림이 사라지지 않으니까 위에서 비스듬히 보게 해야 한단다.

과학으로 마술비법 밝히기

컵을 물속에 담그면, 컵과 컵 사이의 틈새에 공기가 들어가요. 이때 구멍을 막고 있던 손가락을 떼면 틈새로 물이 들어가면서 공기가 없어진답니다. 물과 공기의 경계가 사라지는 거예요.

구멍을 막았을 때 그림이 사라지는 것은 물과 공기의 경계에서 빛이 반사되기 때문이에요. 틈새에 물이 들어가서 공기가 없어지면, 빛이 비추어서 그림이 다시 나타나지요.

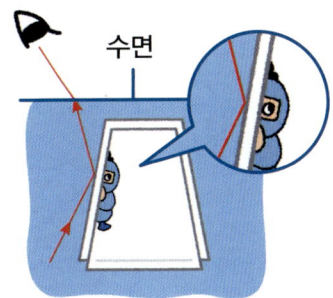

틈새에 공기가 있는 경우

물과 공기의 경계에서 빛이 반사되어 그림이 보이지 않는다.

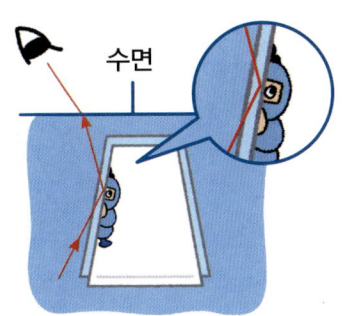

틈새에 물이 있는 경우

물과 공기의 경계가 없어지기 때문에 그림이 보인다.

변신 그림 놀이를 해 보자!

유성 펜을 사용하여 바깥쪽 컵에는 숲을, 안쪽 컵에는 무지개를 그려 보세요. 컵을 겹쳐서 물속에 넣으면 무지개는 사라지고 숲만 보인답니다. 구멍을 막고 있던 손가락을 떼면 숲 위에 무지개가 다시 나타나고요. 이처럼 간단하게 '변신 그림 놀이'를 즐길 수 있어요.

'사라졌다 다시 나타나는 마법의 그림' 마술에서는 안쪽 컵에만 그림을 그렸지만, '변신 그림 놀이'에서는 바깥쪽 컵에도 그림을 그린단다.

아이디어만 있으면, 다양한 변신 그림 놀이를 할 수 있어!

겹친다

빛의 다양한 성질

직진하는 빛

빛은 다양한 성질을 갖고 있어요. 그 중 가장 기본적인 성질은 '직진한다'는 거예요. 아무것도 없는 곳에서 빛은 꺾이지 않고 직진해요. 공기나 물, 유리 속에서처럼 빛이 나아가는 데 방해만 받지 않으면 말예요.

빛의 빠르기

빛은 어디를 나아가느냐에 따라 빠르기가 달라진단다. 공기를 통과할 때보다 물과 유리를 통과할 때 조금 더 느려져.

굴절하는 빛

공기, 유리, 물은 모두 투명하지만 서로 성질이 다른 물질이에요. 빛은 성질이 다른 물질의 경계에서 비스듬히 비출 때가 있는데, 이때 나아가는 빛의 방향이 꺾여요※. 이것을 '굴절'이라고 해요.

컵에 꽂은 빨대를 비스듬히 위에서 보면 구부러져 보이지요? 빛이 물속의 빨대 끝에서 공기 중으로 나올 때 수면에 접근하려고 굴절하기 때문이에요. 그러나 눈은 빛이 직진한다고 착각해서 빨대가 구부러져 보이는 거랍니다.

'사라진 동전'(14쪽 참고)은 굴절하는 빛의 원리를 이용한 마술이에요. 굴절해서 나아가는 빛을 접시가 막아서 동전이 보이지 않는 거예요.

※빛이 경계에서 수직으로 비칠 때는 굴절되지 않아요.

빛이 보이는 원리

눈과 빨대 사이에 물이 없고 공기만 있을 경우, 빨대에서 나오는 빛은 바로 눈에 다다른다.

물과 공기의 경계에서 빛이 꺾이기 때문에 빨대 끝의 빛은 굴절해서 눈에 다다른다.

눈이 보고 있는 방향은 실제 빨대 끝과 다르다. 그래서 빨대가 구부러져 보이기도 하고, 물에 떠 있는 것처럼 보이기도 한다.

반사하는 빛

빛은 물체에 닿으면 나아가는 방향을 바꿔요. 그러다 보면 빛이 물체의 표면에서 튕겨 나가기도 하는데 이 현상을 '반사'라고 해요.

반사 중에서도 빛이 물체에 닿았을 때, 물체의 표면에서 여러 방향으로 흩어지는 반사를 '난반사'라고 해요. 물체의 표면이 눈에 보이지 않지만 울퉁불퉁하기 때문이에요. 반대로 물체의 표면이 아주 매끄러울 때에는 빛이 모여서 한 방향으로 나아가요. 이것을 '정반사(거울 반사)'라고 해요. 정반사가 일어나면 물체의 표면에 다른 물체가 비쳐요. 이 원리를 이용하여 만든 게 바로 거울이에요.

또 빛은 공기와 물의 경계면에서 얕은 각도로 닿으면 꺾이지 않고 튕겨 나가요. 이렇게 빛이 모조리 튕겨 나가는 것을 '전반사'라고 해요. '사라졌다 다시 나타나는 마법의 그림'(20쪽 참고)의 마술에서 그림이 보이지 않은 것은 물과 공기의 경계에서 전반사가 일어났기 때문이에요.

난반사

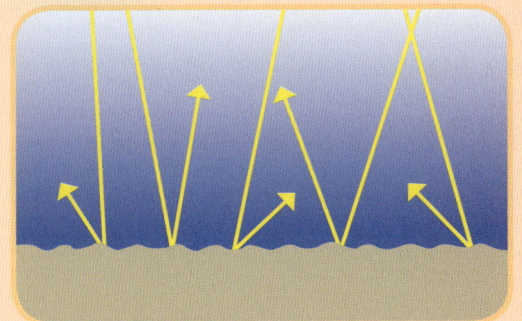

물체의 표면이 울퉁불퉁하기 때문에 물체에 빛이 닿으면 여러 방향으로 반사한다.

전반사

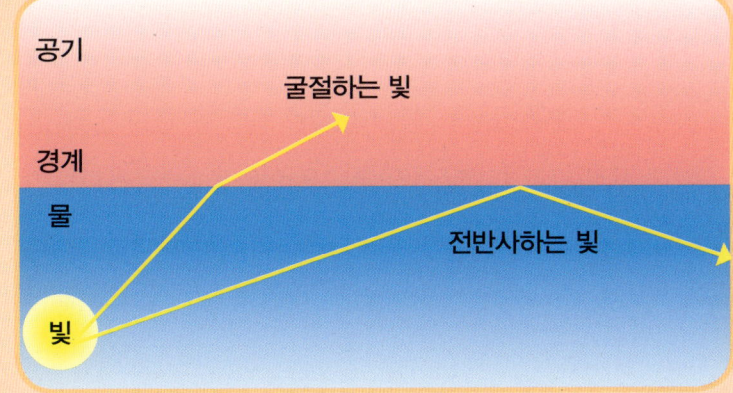

빛은 서로 다른 물질의 경계에서 굴절하지만, 어느 각도 이상이 되면 모두 반사한다.

정반사

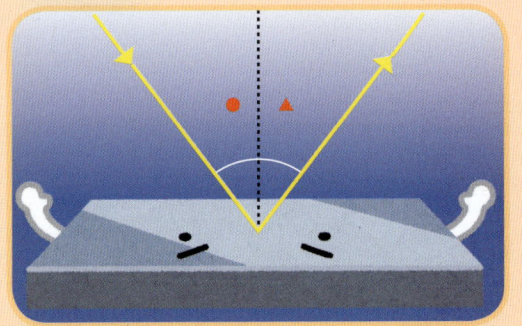

빛이 들어오는 각도(●)와 빛이 반사되어 나가는 각도(▲)는 항상 똑같다.

공기, 물, 유리 중에서 유리가 빛을 가장 많이 굴절시킨단다. 이처럼 빛을 많이 굴절시킬 때, '굴절률이 크다.'고 말하지. 유리 다음으로 굴절률이 큰 게 물이고, 공기가 굴절률이 가장 작아. 그래서 굴절률이 작은 공기와 굴절률이 큰 물의 경계에 얕은 각도로 빛이 비치면 전반사를 한단다.

통과하는 빛

대부분의 물체는 표면에서 빛을 반사시켜요. 그래서 물체의 겉모습이 어떻게 생겼는지는 볼 수 있지만, 물체의 속까지는 볼 수 없답니다.

'마법의 투시경'(16쪽 참고)의 마술에서 사용한 봉투도 겉면에서 빛을 반사시키기 때문에 봉투 안에 뭐가 들었는지 보이지 않아요. 아주 약한 빛이 통과하긴 하지만 겉면에서 대부분의 빛을 반사하기 때문에 반대쪽에서 통과하는 빛은 보이지 않는 거예요.

하지만 투시경을 써서 주변의 빛을 막으면 종이 표면에서 반사하는 빛이 적답니다. 그래서 반대쪽에서 빠져나온 약간의 빛을 볼 수 있는 거예요.

빛의 성질을 이용한 렌즈

우리는 일상에서 빛의 성질을 이용하여 만든 물건을 쉽게 발견할 수 있어요. 특히 빛의 성질을 이용하여 만든 안경이나 사진기의 렌즈는 빛을 모으거나 퍼져 나가게 해서 물체의 크기가 다르게 보이게 한답니다. 가운데가 두꺼운 '볼록 렌즈'는 빛을 모아서 물체를 크게 보이게 하고, 반대로 가운데가 얇은 '오목 렌즈'는 빛을 퍼지게 해서 물체를 작아 보이게 하지요.

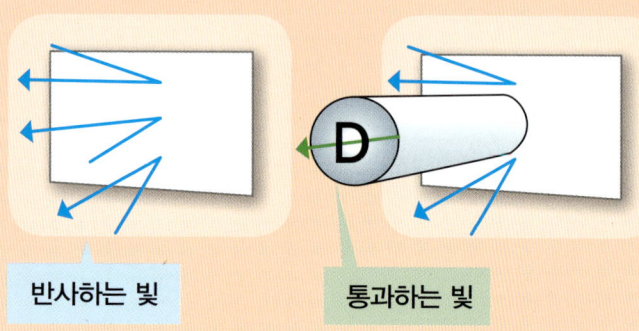

반사하는 빛 / 통과하는 빛

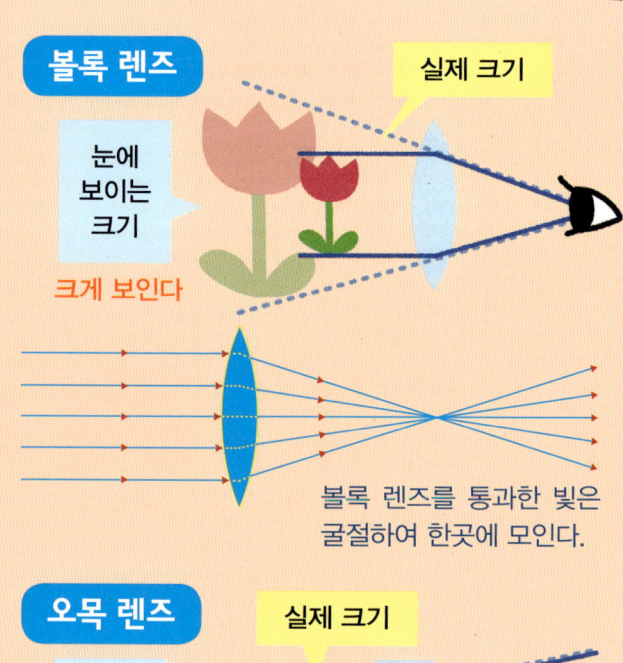

볼록 렌즈 — 실제 크기 / 눈에 보이는 크기 / 크게 보인다

볼록 렌즈를 통과한 빛은 굴절하여 한곳에 모인다.

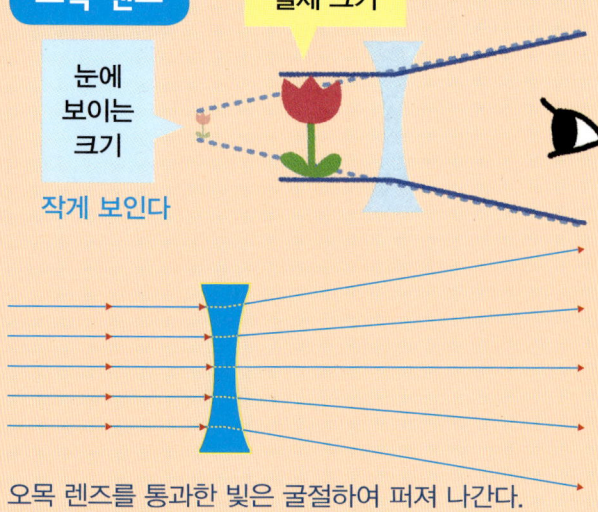

오목 렌즈 — 실제 크기 / 눈에 보이는 크기 / 작게 보인다

오목 렌즈를 통과한 빛은 굴절하여 퍼져 나간다.

렌즈를 통과한 빛은 도중에 꺾여서 눈에 닿는단다. 하지만 눈은 빛이 도중에 꺾여 있다고 느끼지 못하지. 그래서 볼록 렌즈는 가까이에서, 오목 렌즈는 멀리서 빛이 오는 것처럼 느껴진단다.

물체가 보이는 이유

우리는 빛을 통해 '아, 저기에 뭔가 있구나.' 하고 안답니다. 이것은 앞서 설명한 빛의 다양한 성질을 눈이 알고 있기 때문이에요. 물체의 모습이나 모양을 보기 위해서는 물체에 닿는 빛이 필요해요. 빛이 없으면 물체가 보이지 않지요. 물체에 닿은 빛을 눈이 받아들여야 비로소 물체가 보이거든요.

물체가 반사한 빛을 눈이 받아들여서 물체가 보인다.

깜깜한 곳에서 아무것도 보이지 않는 이유는 눈에 도달하는 빛이 없기 때문이야.

실험해 보자 — 오목 렌즈의 원리

동전을 물이 든 컵의 바닥 중앙에 놓고, 연필로 가만히 물을 저어서 소용돌이를 만드세요.

물의 가장자리가 높아졌다면 연필을 그만 돌려요.

동전의 모습을 지켜보아요.

작게 보여!

수면이 매끄럽고 크게 출렁이도록 돌리는 게 중요해.

컵 안의 물을 회전시키면 수면의 중심이 꺼지고 가장자리가 높아져요. 옆에서 보면 마치 오목 렌즈의 모양과 비슷하지요. 이때 위에서 보면 컵 바닥에 있는 동전이 작게 보여요. 하지만 물이 잔잔해지고 수면이 평평해지면, 작게 보였던 동전은 원래의 크기로 돌아가지요.

마법의 특제 형광 음료수

앗, 빛 나고 있어…

어둠 속에서 빛나는 불가사의한 특제 음료수?

빛의 마술 1장

따라 해 보세요!

1

이것은 마술을 부려 만든 특제 음료수예요. 컵에 부으면 어떻게 되는지 잘 보세요.

빛나고 있죠?

손에 들고 있는 라이트의 빛을 컵에 대고 음료수를 부어요.

2

그럼, 마시겠습니다!

마셔도 괜찮은 거야?

라이트와 빛을 가리는 종이로 음료수를 비추면서 형광 음료수를 마셔요.

주의!

라이트의 빛을 직접 바라보지 않아요. 마실 때는 얼굴 정면을 비추지 말고 옆에서 빛을 비춰요. 또 빛을 가리는 종이를 사용하여 빛이 눈에 닿지 않도록 주의해요.

꿀꺽꿀꺽   몸에 안 좋을 것 같은데.

준비물

- 비타민 B$_2$가 들어간 음료 1병 (의약품 말고 청량음료)
- 투명한 컵 1개
- 블랙라이트
- 검은색 도화지(B4 용지 사이즈 정도)
- 손전등(빛이 필요할 때를 대비하기 위해)

음료를 마시기 전에는 어른에게 음료에 들어 있는 성분을 확인해 달라고 해야 한단다.

 ## 마술비법 준비하기

눈에 직접 블랙라이트의 빛이 닿지 않도록 검정 도화지로 빛 가리개를 만들어요.

 **주의!**
- 빛을 직접 바라보지 않아요.
- 블랙라이트의 빛은 직접 바라봐도 그다지 눈이 부시지 않아요. 그래도 오랜 시간 바라보고 있으면 눈에 좋지 않으니 주의하세요.
- 마술이 끝나면 바로 블랙라이트를 꺼요.

포인트
어둠 속에서 공연해야 하니까 낮에는 커튼으로 방을 어둡게 해서 도전해 봐요.

 ## 과학으로 마술비법 밝히기

블랙라이트의 빛에는 눈에 보이지는 않지만 '자외선'이 많이 들어 있어요. 음료에 들어 있는 비타민 B$_2$와 노란 색소는 자외선에 닿으면 노란 빛을 내는데, 주위가 밝으면 보이지 않지만 방을 어둡게 해서 블랙라이트를 대어 보면 보여요.

자외선은 태양 빛에도 있다. 우리 피부가 검게 타는 것은 자외선 때문이다.

여러 가지 물체에 블랙라이트를 대어 보자

어두운 곳에서 여러 가지 물체에 블랙라이트의 빛을 대어 보세요. 우리 주위에는 눈에 보이지 않는 자외선을 받아서, 색깔이 있는 빛을 내는 물체가 많이 있어요. 이렇게 빛을 내는 방식을 '형광'이라고 해요.

배달된 엽서와 지폐

엽서 | 배달할 곳을 기계로 쉽게 구분하기 위해 형광 잉크로 바코드를 인쇄해 둔답니다. 엽서를 받는 사람에게 방해가 되지 않도록 눈에 보이지 않는 형광 잉크를 이용해요.

지폐 | 위조지폐를 못 만들도록, 지폐 표면에 형광 잉크로 인쇄해 두어요.

형광펜 | 태양 빛이나 조명에서 나오는 자외선을 이용해 색을 더 선명하게 보이게 하는 잉크를 써요.

형광 증백제를 넣은 빨래 세제

빨래 세제 | 태양 빛에서 나오는 자외선을 쬐면 형광 증백제가 새파랗게 빛나기 때문에 겉보기에 더 하얗게 보여요. 그래서 양복이 더 하얗게 느껴져요. 형광 증백제가 들어간 세제로 빤 흰 셔츠도 블랙라이트를 대면 새파랗게 빛이 나지요.

난이도 ★★★☆☆
시간 15분

그림자가 알록달록해!

7번 변하는 그림자 색

검은 줄로만 알았던
그림자가 여러 색으로 바뀌다니!

빛의 마술

따라 해 보세요!

1 지금부터 3개의 손전등을 가지고 신기한 그림자를 보여 드리죠. 방을 어둡게 할 거니까 자리에 앉아 주세요.

빨강, 파랑, 초록의 셀로판지를 씌운 3개의 손전등을 보여 주어요.

2 손전등을 켜겠습니다. 먼저 빨간색이에요.

파란색이에요.

초록색이에요.

3개의 손전등을 세 사람이 각각 나누어서 들어요. 순서대로 불을 켜서 빨강, 파랑, 초록색 불빛을 보여 주어요.

3 그림자는 보통 검은색이에요. 하지만 우리는 검은 그림자에 색을 입힐 수 있어요.

보세요! 빨강, 파랑, 초록색 그림자가 보이죠?

한 사람은 모양 판을 들고 또 한 사람은 그 모양 판에 빛을 비춰요. 벽에 비친 그림자가 검은색임을 보여 준 뒤, 3색의 빛을 동시에 모양 판에 비춰서 알록달록한 그림자가 나타나게 해요.

4

손전등을 든 사람은 앞뒤로 왔다 갔다 하면서 서 있는 위치를 바꿔요. 손전등으로 빛의 양을 조절하면서 그림자 색이 눈에 띄게 조절해요.

빨강, 파랑, 초록색 그림자 말고 다른 색 그림자도 보여 드릴게요!

준비물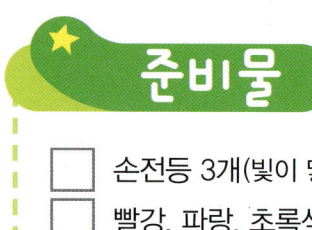

- [ ] 손전등 3개(빛이 닿는 범위를 조절할 수 있는 것)
- [ ] 빨강, 파랑, 초록색 셀로판지 각 1장
- [ ] 고무 밴드 3개
- [ ] 그림자를 만들 모양 판(마분지로 만들어 나무젓가락에 붙이면 들기 쉽다.)
- [ ] 모조지나 커다란 흰 종이(벽이 흰색이 아닐 때 스크린으로 쓸 수 있다.)
- [ ] 모조지를 고정시킬 재료(테이프 등)

마술비법 준비하기

1

3색 셀로판지를 손전등 끝을 쌀 수 있는 크기로 잘라서 손전등에 씌우고 고무 밴드로 단단히 묶어요.

2

모양 판을 만들기 전에 주변의 물건을 이용해서 빛이 어떻게 비치는지 확인해요. 방의 크기와 빛이 어떻게 비치는지에 따라 모양 판의 크기가 달라지거든요. 모양 판 크기는 20㎝ 정도가 알맞아요.

3

벽이 흰색이 아닐 때는 벽이나 칠판 등에 흰 종이를 붙여서 스크린을 만들어요.

포인트

모양 판을 스크린 가까이에 두면 그림자가 또렷하게 보이고 모양 판을 멀리 하면 그림자가 크게 보인답니다. 어느 위치에서 어떻게 보이는지 미리 확인해 두면 다양한 마술 방법을 연구할 수 있어요.

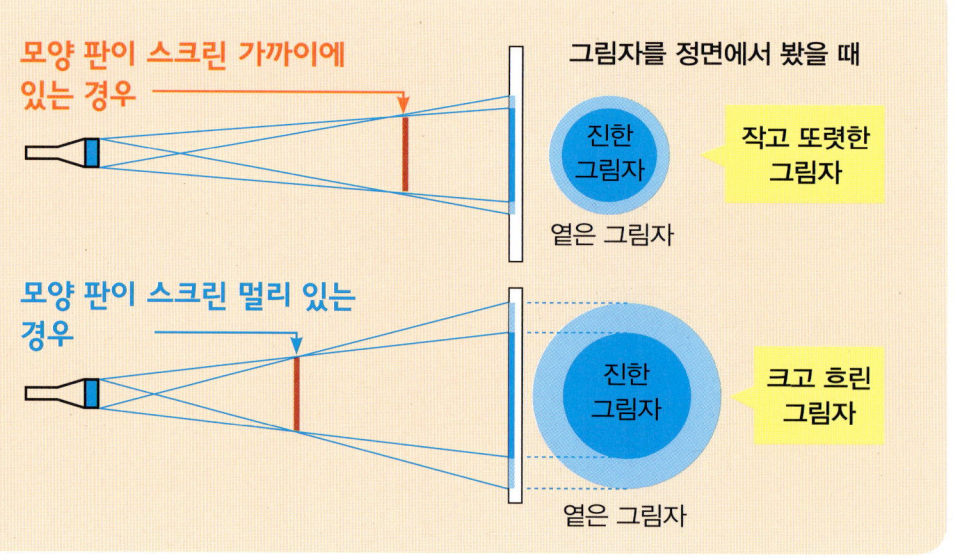

과학으로 마술비법 밝히기

물체의 그림자는 빛을 비추는 쪽의 반대 방향에 생겨요. 그리고 3개의 손전등이 있으면 모두 3개의 그림자가 생긴답니다. 이 3개의 그림자가 겹쳐지면 빛이 섞이면서 알록달록한 그림자가 탄생해요.

빨강, 파랑, 초록의 3가지 색을 '빛의 3원색'이라고 하는데, 이 3가지 색을 어떻게 섞느냐에 따라 다양한 색이 만들어져요. 손전등 1개의 빛만 비추거나, 2개를 같이 비추거나, 3개 모조리 비추는 등 여러 가지 실험을 해 보세요. 다양한 색이 나타날 거예요.

빛의 3원색

빨강, 파랑, 초록의 빛이 어떻게 겹쳐지느냐에 따라 다양한 색이 나타난다.

그림자 놀이를 해요!

아래의 사진처럼 무당벌레 모양의 그림자를 만들어 볼까요? 마분지에 원과 가느다란 선을 그린 뒤 칼로 잘라 내고, 무당벌레 등에 있는 점을 표현하기 위해 칼로 구멍을 낸 뒤 빨간 셀로판지를 붙여요. 그런 다음 파란 셀로판지를 씌운 손전등을 비추어 보세요. 구멍까지 까맣게 보여서 무당벌레처럼 보이지 않는답니다. 그러나 빨간 셀로판지를 씌운 손전등을 비추면 무당벌레처럼 보이지요. 이런 식으로 조금만 연구하면, 재미있는 그림자 놀이를 할 수 있어요.

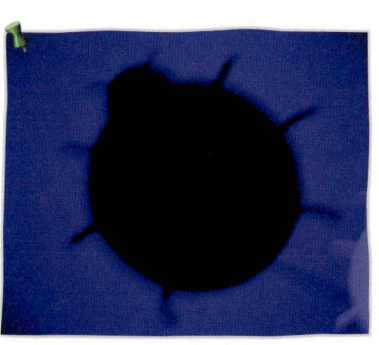
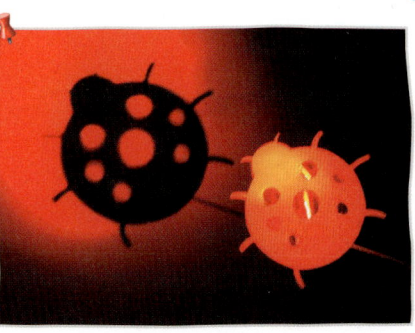

빛의 색과 파장

색을 구별할 수 있는 이유

우리가 물체를 볼 수 있는 것은 눈이 다양한 성질을 가진 빛을 구별하기 때문이에요(27쪽 참고). 그럼 우리 눈은 어떻게 색을 구별하는 걸까요?

태양 빛이나 전등 빛에는 빨강과 노랑을 비롯한 여러 색의 빛이 들어 있어요. 빛이 물체를 비추면 어떤 빛은 반사되고(25쪽 참고) 어떤 빛은 물체에 흡수되어요. 그렇게 눈에 도달한 빛의 색이 그 물체의 색으로 보이는 거예요.

분해되는 빛의 색

우리는 프리즘※을 통해 빛에 다양한 색깔이 들어 있다는 사실을 확인할 수 있어요. 프리즘에 빛을 비추면 빛이 무지개처럼 알록달록 나뉘는 모습을 살펴볼 수 있지요. 보통 무지개가 빨강, 주황, 노랑, 초록, 파랑, 남, 보라의 7가지 색으로 이루어졌다고 말하지요? 하지만 실제로는 각각의 색 경계에 셀 수 없을 만큼 수많은 종류의 색이 나란히 줄지어 있답니다.

자연에서는 비가 그친 하늘에 둥둥 떠다니는 작은 물방울들이 프리즘 역할을 해요. 작은 물방울에 내리쬐는 태양 빛은 굴절(24쪽 참고)되거나 반사하여 우리 눈에 도달하는데, 이때 빛이 다양한 색으로 나뉜답니다. 다양한 색깔의 수많은 물방울이 튀어 오르면서 무지개가 생겨나는 거예요.

※프리즘 : 플라스틱이나 유리로 만들어진 투명한 삼각기둥의 기구로 과학 실험에서 사용해요.

빨갛게 보이는 물체

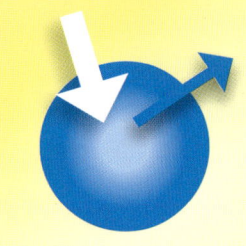

빛 속의 빨간빛을 반사한다.

파랗게 보이는 물체

빛 속의 파란빛을 반사한다.

프리즘 물방울

물체의 색은 반사하는 빛으로 정해지는구나.

프리즘이나 물속을 지나가는 빛은 색에 따라 굴절하는 각도가 다르단다. 이러한 차이 때문에 색이 구별되는 거란다.

색의 차이는 '파장'의 차이

빛에는 파도와 같은 성질이 있어요. 파도처럼 오르락내리락할 때의 골과 골의 거리를 '파장'이라고 하는데, 파장이 길면 빨간빛이 되고 짧으면 파란빛이 되지요. 빛은 각각의 색에 따라 조금씩 다른 성질을 가진답니다.

파장이 너무 길어지거나 짧아지면, 사람의 눈에는 보이지 않아요. 태양과 전등 빛에도 이처럼 눈에 보이지 않는 빛이 들어 있어요. '마법의 특제 형광 음료수'(28쪽 참고)에서 사용한 블랙라이트는 주로 눈에 보이지 않는 자외선을 내뿜지요. 음료에 자외선을 받으면 노란빛을 내는 성분이 들어 있기 때문에 어두운 곳에서 빛이 나면서 우리 눈에 보였던 거예요. 이와 같은 형광(31쪽 참고) 물질은 우리 주변에서도 많이 이용되고 있답니다.

빛의 색을 섞으면…

여러 가지 색깔의 빛이 균형 있게 서로 섞이면 흰색 빛이 되어요. 그중에서도 빨강, 파랑, 초록의 3가지 색을 섞으면 흰색뿐만 아니라 모든 색의 빛을 만들어 낼 수 있어요(35쪽 참고).

예를 들어, 텔레비전이나 컴퓨터 화면을 확대해 보면 빨강, 파랑, 초록색의 점들이 오밀조밀 모여 있는 것을 확인할 수 있어요. 그러나 떨어져서 화면을 보면 점처럼 보이지 않고 색이 섞여서 보인답니다. 이러한 빨강, 파랑, 초록을 '빛의 3원색'이라고 해요.

'7번 변하는 그림자 색'(32쪽 참고) 마술에서는 셀로판지를 씌운 손전등으로 빛의 색을 만들어 다양한 색의 그림자를 만들어 냈어요. 빛을 여러 방향으로 비추어 보면서요.

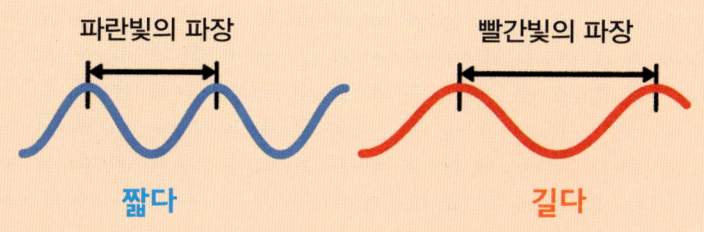

텔레비전 화면의 확대 사진

사람의 눈이 느낄 수 있는 빛의 파장은 왼쪽 그림처럼 한정되어 있단다.

인쇄물을 살펴보자!

팔레트에 3원색 잉크를 섞는 것만으로도 모든 색을 만들 수 있답니다. 주변에서 쉽게 구할 수 있는 잡지를 펼쳐서, 컬러로 인쇄된 부분을 찾아 돋보기로 살펴보세요. 텔레비전 화면처럼 작은 점들이 색상이 모여 있는 것을 확인할 수 있어요. 인쇄물을 만들 때에는 보통 붉은 자주색에 가까운 '마젠타'라는 색과 청록색에 가까운 '시안', 짙은 노란색의 '옐로'라는 색의 잉크를 사용해요. 이것을 잉크의 3원색이라고 하지요. 이 3원색을 잘 섞으면 검은색, 즉 블랙이 되는데, 실제로는 또렷한 검은색이 잘 만들어지지 않는답니다. 그래서 인쇄물을 만들 때에는 '마젠타', '시안', '옐로', '블랙' 잉크까지 모두 4가지 색의 점들이 모여서 색을 만들어 내지요.

인쇄물 확대 사진

잉크의 3원색

실험해 보자 — 프리즘 없이도 무지개를 관찰할 수 있다!

프리즘 없이도 빛을 여러 가지 색으로 나눌 수 있어요. 예를 들어 CD나 DVD의 뒷면을 바라보면, 각도에 따라 무지개 색처럼 보이기도 하지요. 못쓰는 CD를 빈 상자에 붙여 20㎝ 떨어진 곳에서 손전등이나 LED 전등을 비추어 보세요. 조금 떨어진 곳에서 CD를 정면으로 바라보면 둥근 무지개를 볼 수 있답니다.

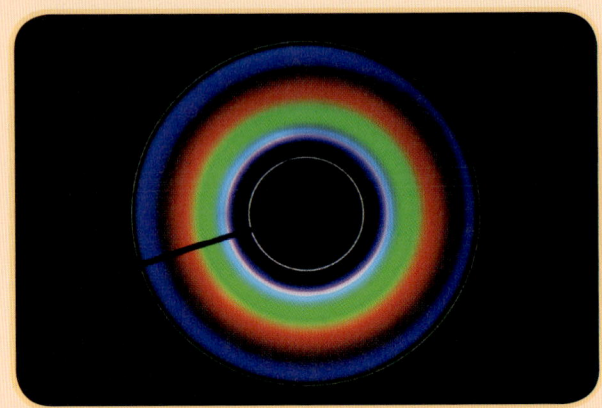

흰색 LED 빛을 받은 CD

CD에 닿는 빛의 높이를 조절해서 무지개가 보이게 해 보렴.

주의!

각도에 따라서는 반사하는 빛이 너무 강해서 눈이 부실 수도 있어요. 빛의 밝기를 조절하거나 오랜 시간 바라보지 않도록 해요.

2장 압력과 공기의 마술

압력과 공기의 마술 2장

⭐ 따라 해 보세요!

1 마시멜로를 병 속에 넣어서 커지게 할 거예요!

마시멜로를 병 속에 넣어요.

2 펌프로 마법의 힘을 불어넣을게요. 잘 보세요!

뚜껑을 덮고 가운데에 펌프를 올려요.

3 마시멜로가 마법의 힘을 받았네요! 점점 커지는 게 보이시나요?

펌프 손잡이를 꽉 잡고 여러 번 펌프질을 해요.

4 짜잔, 이렇게 커졌습니다!

마시멜로가 충분히 커지면 펌프를 치우고, 원래 크기의 마시멜로와 비교해서 보여 주어요.

5 그럼 마시멜로를 원래 크기로 돌려놓을게요.

뚜껑 가운데에 있는 버튼을 눌러서 마시멜로를 원래의 상태로 돌려 놓아요.

앗, 처음보다 작아졌네요.

원래 크기의 마시멜로

준비물

- 진공 보관 용기 (펌프와 세트인 것)
- 마시멜로

진공 보관 용기는 부엌 용품을 파는 가게에서 구할 수 있단다.

주의!
펌프질을 할 때에는 손잡이를 꽉 누른 채 조심조심 움직여야 해요. 손이 미끄러지면 다칠 수도 있어요.

마술비법 준비하기

1
진공 보관 용기를 깨끗이 씻은 뒤, 잘 말려 두어요.

2
진공 보관 용기는 종류에 따라 사용법이 달라요. 사용 설명서를 잘 읽어 두세요.

용기 뚜껑도 조심해서 씻어야 해. 고무 부분이 더러워지면 마술이 실패할 수도 있거든.

응용놀이

풍선을 부풀려 보자!

진공 보관 용기에 살짝 부푼 고무풍선을 넣어요. '점점 커지는 마시멜로'의 마술처럼 용기 속의 공기를 빼면 풍선은 부풀고, 공기를 다시 넣으면 원래대로 되돌아간답니다. 용기에 넣었을 때는 풍선 속 공기와 용기 속 공기가 힘의 균형을 이루지만, 공기를 빼면 풍선 속 공기의 힘이 강해지기 때문이에요.

 →

고무풍선은 용기의 크기에 알맞은 것을 준비하는 게 좋아!

과학으로 마술비법 밝히기

2장 압력과 공기의 마술

마시멜로는 설탕과 달걀흰자, 젤라틴, 물 등을 섞고 거품을 내서 만들어요. 거품은 얇은 막에 공기가 들어간 거예요. 이 거품이 가득 모여서 만들어진 마시멜로에는 공기가 많이 들어 있지요.

부엌에서 음식을 보관할 때 쓰는 진공 보관 용기는 펌프를 당기면 용기 속에 있던 공기가 밖으로 빠져나와요. 마시멜로 주변의 공기가 줄어들면 마시멜로 속에 들어 있는 공기가 부풀어서 마시멜로가 커지지요.

마시멜로가 줄어든 것은 부풀 때에 마시멜로를 이루고 있던 거품막이 깨졌기 때문이에요. 주변 공기를 원래로 되돌릴 때에 공기가 빠지면서 마시멜로 전체가 찌그러진 거예요.

펌프를 잡아당기면 용기 속의 공기가 빠져나간다.

보통의 마시멜로

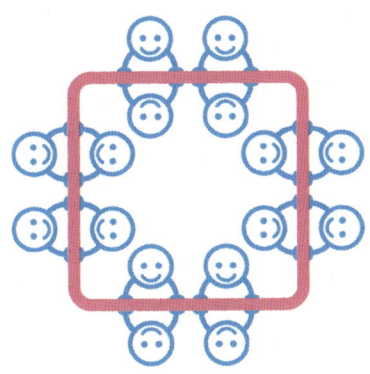

마시멜로 안쪽 공기와 바깥쪽 공기의 힘이 조화를 이룬다.

커진 마시멜로

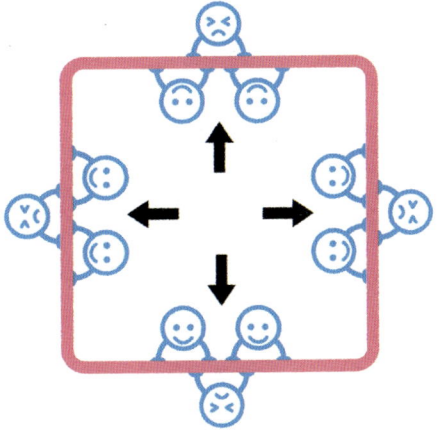

바깥쪽 공기가 줄면, 마시멜로 안쪽 공기의 힘이 커져서 마시멜로가 부푼다.

줄어든 마시멜로

마시멜로가 부풀면서 깨진 거품막 때문에 공기가 바깥쪽으로 새어 나간다. 원래 상태로 되돌려도 마시멜로의 크기는 살짝 작아진다.

압력과 공기의 마술 2장

따라 해 보세요!

1 이 엽서를 덮으면 컵을 뒤집어도 물이 쏟아지지 않아요.

물을 담은 컵 위에 엽서를 덮어요.

2

얍!

보세요! 쏟아지지 않지요?

손가락으로 가볍게 엽서를 누르고, 재빠르게 컵을 통째로 뒤집어요.

3 여기서 끝이 아니에요. 엽서에 이쑤시개도 통과시켜 볼게요.

이쑤시개가 들어갔어요! 하지만 물은 쏟아지지 않지요. 신기한 컵이죠?

엽서 한가운데를 이쑤시개로 구멍을 뚫고, 이쑤시개를 컵 속으로 천천히 밀어 넣어요.

45

준비물

- [ ] 플라스틱 컵 1개(투명하고 단단한 것)
- [ ] 물
- [ ] 엽서(못쓰는 것)
- [ ] 송곳(엽서에 구멍을 뚫을 도구)
- [ ] 이쑤시개 1개

주의!
송곳으로 구멍을 뚫을 때 다치지 않도록 주의해요. 뾰족한 송곳을 잘못 다루면 찔릴 수 있어요.

마술비법 준비하기

1 엽서에 이쑤시개를 통과시킬 구멍을 서너 개 뚫어요. 이때 두꺼운 종이를 엽서 밑에 깔아서 책상에 흠집이 나지 않도록 해요. 이쑤시개가 들어가는지 미리 확인해 두어요.

실제 마술을 할 때 이쑤시개는 어떤 구멍에 넣어도 상관없단다.

2 컵에 물을 반 정도 담아 두어요.

 **포인트**

엽서를 덮은 컵을 천천히 뒤집으면 물이 흘러내릴 수도 있으니 재빨리 뒤집어야 해요. 또 이쑤시개를 구멍에 통과시킬 때, 뒤집은 컵을 기울이지 말고 바로 밑에서 쏙 넣으세요.

밑에 세숫대야나 양동이를 놓아두면 물이 흘러넘쳐도 괜찮아.

과학으로 마술비법 밝히기

2장 압력과 공기의 마술

물이 든 컵을 뒤집으면 당연히 물이 아래로 쏟아지지요? 이때 쏟아진 물의 부피와 같은 부피의 공기가 컵 속으로 흘러들어 와요.

하지만 '뒤집어도 물이 쏟아지지 않는 이상한 컵'(44쪽 참고) 마술에서는 엽서로 막아 버렸기 때문에 컵 속으로 공기가 들어가지 못한답니다. 이때 물의 무게는 엽서에 실려 있지만 컵과 엽서의 바깥쪽에서 누르는 공기의 힘이 물의 무게를 지탱하고 있기 때문에 엽서가 아래로 떨어지지 않아요. 공기가 누르는 이러한 힘을 '대기압'이라고 해요.

엽서에 작은 구멍을 냈지요? 구멍으로 물이 샐까요? 아뇨, 새지 않아요. 이것은 물의 표면에 '표면장력'(138쪽 참고)이라는 힘이 작용하기 때문이에요. 작은 물방울들이 모여 물을 이루는데, 이때 컵 속의 물방울이 구멍 쪽의 물방울을 끌어당겨요. 그래서 작은 구멍으로 물이 흘러내리지 않는 거예요.

즉, 대기압과 표면장력의 작용이 합쳐져 물의 무게를 지탱하고 있었던 거랍니다.

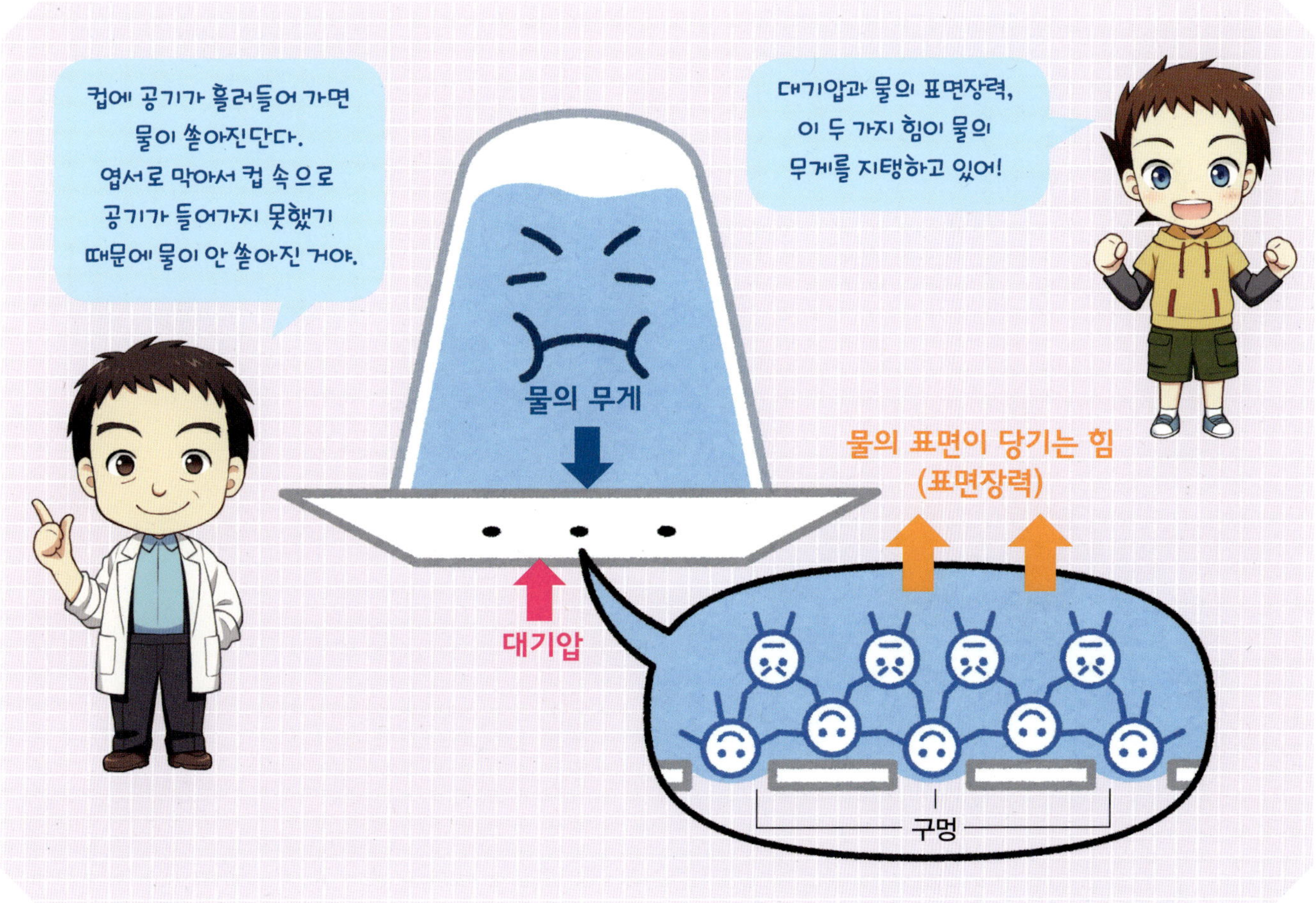

숨 쉬는 마법의 풍선

병에 풍선을 씌웠을 뿐인데 자꾸자꾸 부풀어!

압력과 공기의 마술 2장

⭐ 따라 해 보세요!

1 이것은 마법의 풍선이에요. 병에 끼우면 공기를 불어넣지 않아도 부푼답니다.

고무풍선을 병 주둥이에 끼워요.

---

2 잘 보세요. 풍선이 병 속에 빨려 들어가요.

고무풍선 끝이 걸리지 않도록 고무풍선을 병 위로 높이 들어 올려요. 고무풍선이 병 속으로 빨려 들어가면 거기에 맞춰서 손을 내려요.

3

병이 풍선을 삼켜 버렸어요! 풍선이 부풀도록 주문을 외울게요. 부풀어라, 얍!

병 속에 들어간 고무풍선이 약간 부풀었을 때, 젖은 수건으로 병을 감싸요.

4 보세요. 병 속의 풍선이 크게 부풀었어요!

감싸고 있던 수건을 치우고, 부푼 고무풍선을 보여 주어요.

준비물

- [ ] 투명한 유리병 (주둥이가 너무 크지 않은 것)
- [ ] 고무풍선
- [ ] 두꺼운 천이나 수건 1장
- [ ] 물(90℃ 이상의 뜨거운 물과 50~60℃의 따뜻한 물)
- [ ] 면장갑

주의!

- 뜨거운 물과 뜨거워진 병, 수증기에 화상을 입지 않도록 어른의 도움을 받아요.
- 갑자기 뜨거운 물을 부으면 유리병이 깨질 수 있으니 조금 식힌 물부터 부어요.
- 병의 아랫부분이 뜨거우므로 면장갑을 끼고 목 부분을 잡아요.
- 정리 정돈을 할 때는 병이 완전히 식은 뒤에 고무풍선을 병 주둥이부터 벗겨서 꺼내요.

마술비법 준비하기

1 풍선을 여러 번 불어서 늘려 놔요. 풍선 안을 물로 적셔 두면 병 주둥이에 끼우기 쉬워요.

2 수건을 물로 적셔서 가볍게 짠 뒤, 마술 장소에 두어요.

50~60℃의 따뜻한 물

3 병에 따뜻한 물(50~60℃)을 넣고 병이 충분히 따뜻해지면 병 속의 물을 버려요.

90℃ 이상의 뜨거운 물

4 뜨거운 물(90℃ 이상)을 병의 1/4만큼 붓고, 2~3분 기다려요. 병 속에 수증기가 가득 차면 면장갑을 끼고 뜨거운 물을 버려요.

포인트

병 속에 수증기가 많을수록 풍선이 크게 부풀어요. 수증기가 사라지기 전에 마술을 시작하세요. 고무풍선을 비뚤게 끼워서 틈이 생기면, 풍선이 병 속으로 잘 들어가지 않으므로 풍선 끼우는 연습을 해 두어요.

풍선이 병에 빨려 들어가면 물수건으로 병을 식히세요. 수증기가 빨리 차가워져서 풍선이 더욱 빨리 부풀거든요. 또한 물수건에 가려서 병 속에서 무슨 일이 벌어지는지 안 보이기 때문에, 물수건을 걷으면 사람들이 부푼 풍선을 보고 깜짝 놀란답니다.

과학으로 마술비법 밝히기

2장 압력과 공기의 마술

병에 뜨거운 물을 넣어 두면 병 속은 곧 수증기로 가득 차요. 뜨거운 물이 증발해서 기체(150쪽 참고)인 수증기가 되거든요. 수증기 때문에 병 속에 있던 공기는 대부분 밖으로 밀려 나오고, 병 안쪽의 수증기와 바깥쪽의 공기의 힘은 균형을 이루어요.

풍선을 끼운 뒤 시간이 지나면 병 속의 수증기는 식어서 물이 되고 부피가 1/1000 이하로 줄어들지요. 그러면 병 안쪽의 힘이 약해지고 바깥쪽의 공기가 누르는 힘이 강해지기 때문에 고무풍선은 안쪽으로 빨려 들어가고 펴져서 부풀게 된답니다.

뜨거운 된장국 그릇에 뚜껑을 덮어 두고, 식은 뒤 뚜껑을 열려고 하면 잘 안 열려요. 된장국에서 나온 수증기가 식어서 국으로 되돌아갔기 때문이에요. 수증기의 부피가 줄어들면 그릇 속의 힘이 약해지고 바깥 공기가 누르는 힘이 강해져요. 그래서 뚜껑을 열기 힘든 거예요.

바깥쪽 공기는 풍선뿐만 아니라 병도 누르고 있단다. 병은 딱딱한 데다 늘어나지 않으니까 공기에 눌려도 모양이 변하지 않거든.

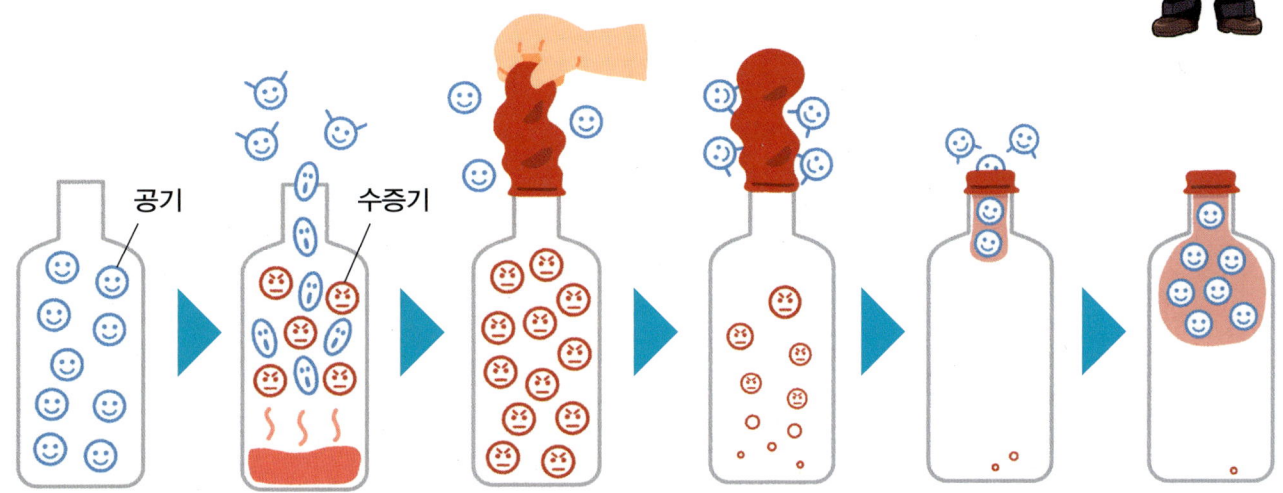

병에는 뜨거운 물을 넣기 전에도 공기가 들어 있다.

뜨거운 물을 병에 부으면, 뜨거운 물이 수증기가 되어 병 속의 공기를 모조리 누른다.

수증기로 가득해진 병에 풍선을 끼우면 수증기는 병 속에 갇히게 된다.

수증기는 차가워지면 부피가 줄어들고 누르는 힘이 약해진다. 그러면 바깥 공기가 누르는 힘과 균형을 이루지 못한다.

누르는 힘이 약해지면 바깥 공기가 풍선을 누르고 들어가려고 한다.

풍선은 점점 공기에 눌려서 병 속으로 밀려 들어가 부푼다.

난이도 ★★★☆☆
시간 5분

흐르던 물이 멈추는 마법의 병

병을 거꾸로 들자
흐르던 물이 갑자기 멈춘다!

으으으, 넘칠 것 같아!

딱 멈췄어!

준비물

- [ ] 병 (500㎖의 페트병도 상관없음)
- [ ] 플라스틱 컵 1개
- [ ] 물

물에 젖지 않도록 비닐을 밑에 까는 게 좋아.

마술비법 준비하기

병에 물을 가득 넣어요.

포인트

컵 안이 물로 가득 차기 직전까지 천천히 병을 들어 올려요. 그런 다음 병 주둥이를 손가락으로 누르고 재빨리 원래대로 되돌려요.

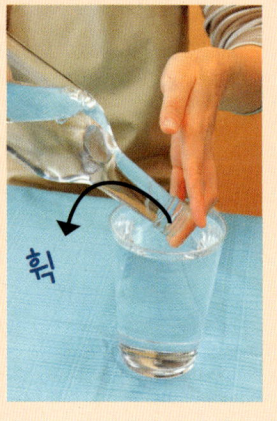

휙

압력과 공기의 마술 2장

★ 따라 해 보세요!

1 물이 가득 든 병을 거꾸로 들어요. 물이 어떻게 될까요?

병에 컵을 씌워요.

2 병을 거꾸로 들어 볼게요. 컵이 뚜껑 역할을 하기 때문에 물은 쏟아지지 않아요.

  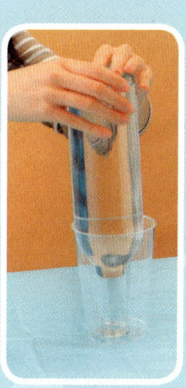

뚜껑을 덮듯이 컵 바닥의 중심을 누르면서 재빨리 뒤집고 병을 편한 손으로 바꿔 들어요.

3 병을 들어 올려 볼게요. 물이 넘쳐흐르기 전에 멈추라고 명령해 보겠습니다. 자, 보세요!

이 상태라면…… 넘칠 것 같아!

병을 들어 올려서 컵에 물을 부어요.

4 물아, 멈춰랏! 어때요? 물이 넘치지 않았지요?

물이 넘치기 직전에 병을 수면에 찍듯이 내리면서 물을 멈추게 해요.

 과학으로 마술비법 밝히기

거꾸로 세운 병 주둥이까지 수면이 올라가면, 컵에 들어 있는 물이 병뚜껑 역할을 해요. 그래서 병을 거꾸로 세워도 병 속의 물이 나오지 못하는 거예요. 혹시 병 속에 있는 물의 무게가 컵 속에 실리니까 물이 넘칠 거라고 생각하나요? 컵 수면을 누르는 공기의 힘(대기압)도 동시에 작용하기 때문에 이 힘이 물의 무게와 균형을 이루어서 병 속의 물이 나오지 않는답니다.

컵 수면에 대기압이 작용한다.

물의 무게와 대기압이 균형을 이룬다.

더 알고 싶은 과학

우리를 둘러싼 '대기압'

압력이란 무엇일까요?

'압력'은 면을 수직으로 누르는 힘이에요. 오른쪽 그림을 보면 두 병에 작용하는 힘의 합은 같아요. 하지만 병이 누르는 바닥 면의 크기가 달라서 파이는 깊이가 달라지지요. 즉 힘의 합이 같다면, 면적이 작을수록 힘이 더 크게 작용한답니다.

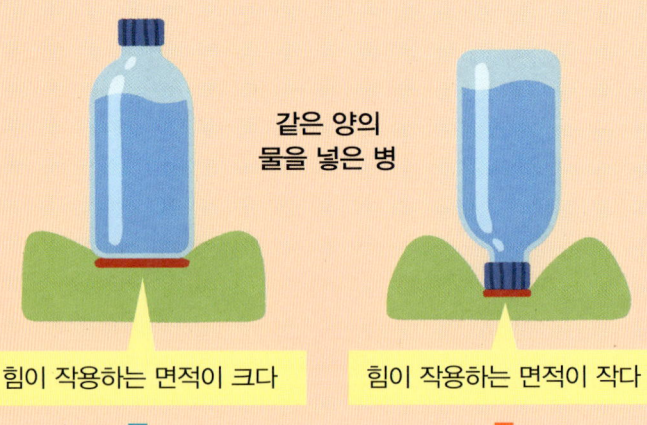

같은 양의 물을 넣은 병

힘이 작용하는 면적이 크다 → 깊게 파이지 않는다

힘이 작용하는 면적이 작다 → 깊게 파인다

압력은 물체를 누르는 힘이란다.

공기의 압력

우리 주위를 떠다니는 공기에도 무게가 있어요※. 공기는 산소와 질소, 이산화탄소 등의 '물질'로 이루어져 있거든요.

우리 지구를 둘러싼 땅 위의 공기 전체를 '대기'라고 해요. 우리 머리 위에 쌓여 있는 대기는 지구의 중력(100쪽 참고)이 끌어당겨요. 이 때 머리 위의 대기가 우리를 누르는 힘, 곧 대기의 압력을 '대기압'이라고 하는데, 땅에 가까워지면 1㎠당 약 1kg, 손바닥 정도의 면적에는 100kg 이상이나 되는 압력이 실리게 되어요.

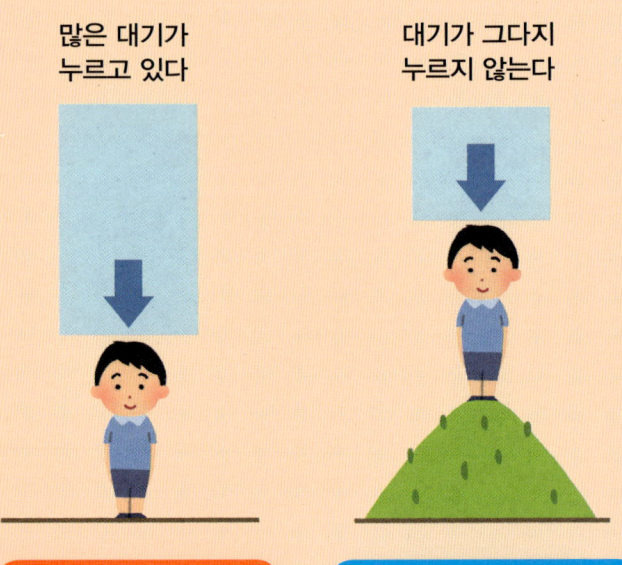

많은 대기가 누르고 있다 — 대기압이 큰 경우

대기가 그다지 누르지 않는다 — 대기압이 작은 경우

높은 곳에 올라갈수록 대기량이 적어져서 대기압은 낮아져요.

※공기의 무게는 땅에 가깝고 수증기가 없을 때, 1ℓ당 약 1.3g이에요.

여러 방향으로 작용하는 압력

물과 공기는 자유롭게 움직이고 흘러가요. 물과 공기처럼 일정한 모양이 없는 기체와 액체를 '유체'라고 하지요. 유체에 힘을 주면 그 힘은 유체 속에 전달되어서 주변에 압력을 준답니다.

대기의 압력(대기압)은 땅 위에 있는 공기의 무게가 만들어 내지만 그 힘은 아래로만 작용하지 않아요. 공기를 통해서 물질 주변의 사방팔방에서 압력이 생기지요. '뒤집어도 물이 쏟아지지 않는 이상한 컵'(44쪽 참고)과 '흐르던 물이 멈추는 마법의 병'(52쪽 참고)은 여러 방향으로 작용하는 대기압을 이용한 마술이에요.

안팎으로 균형을 이루는 압력

사람 몸의 안과 밖의 기압은 균형을 이루고 있어요. 대기압을 받는 만큼 우리 몸도 대기압과 같은 힘의 크기로 밀쳐 내고 있지요. 그래서 우리가 대기압을 느끼지 못하는 거예요.

'점점 커지는 마시멜로'(40쪽 참고)의 마술에서는 마시멜로 주변의 공기를 빼서 압력을 줄이자 마시멜로 속의 공기가 부풀었지요. 또 '숨 쉬는 마법의 풍선'(48쪽 참고)에서는 병 속의 공기를 수증기가 밀어내자 밖의 대기압이 커져서 풍선을 병 속에 밀어 부풀게 했지요.

둘 다 압력의 균형이 무너져서 벌어진 현상이랍니다.

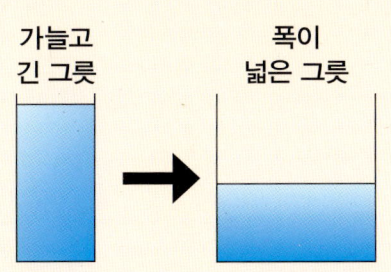

유체는 그릇의 모양에 따라 모양을 바꾼다.

같은 양의 공기가 들어간 풍선이라도 높은 곳에서 낮은 곳으로 내려가면 줄어든단다.

대기압은 모든 방향에서 작용하고, 땅에 가까울수록 커지기 때문에 풍선은 쪼그라든다.

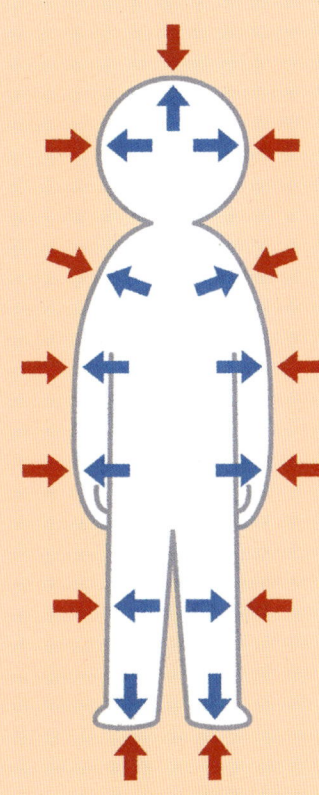

사람도 대기압을 받는다.

난이도 ★★★☆☆
시간 15분

마법의 숨을 불어넣으면?

숨을 불어넣었더니
순식간에 사람이 뜬다!

어?

떴다!

56

압력과 공기의 마술 2장

따라 해 보세요!

1

"지금부터 숨을 불어넣어 사람을 뜨게 해 볼 거예요. 도와주실 분은 방석에 앉아 주세요."

마술을 도와줄 사람을 선택해요.

2

"떠올랐을 때, 굴러 넘어지지 않게 조심하세요. 그럼 시작하겠습니다."

바닥에 압축팩(비닐봉지)을 깔고, 그 위에 방석을 놓아요. 도와줄 사람을 방석 위에 책상다리를 하고 앉게 해요. 신호를 보내고 빨대를 끼워 숨을 불어넣기 시작해요.

3

"보세요! 점점 떠오르지요? 어떤 느낌이 드나요?"

"위로 붕 뜨는 느낌이에요."

계속 숨을 불어넣다가 바닥으로부터 5cm 정도 떠오르면 앉아 있는 사람에게 어떤 느낌이 드는지 물어보아요.

와, 나도 앉아 보고 싶어!

주의!

방석에 앉아 있는 사람이 깜짝 놀라서 움직이면 뒤집힐 우려가 있어요. 움직이지 않고 균형을 잡게끔 미리 이야기해 주어요. 옆에 있는 사람이 앉아 있는 사람을 붙잡아 주어도 좋답니다.

⭐ 준비물

- ☐ 의류용 압축팩 1장
  (방석만 한 것)
- ☐ 주름빨대 여러 개 또는 열대어 수조용 비닐 호스 1m
- ☐ 방석
- ☐ 투명 테이프
- ☐ 가위

⭐ 마술비법 준비하기

1 가위로 2㎝ 정도 칼집을 내요.

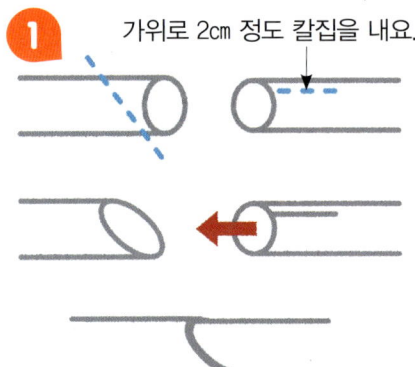

빨대 한쪽을 비스듬히 자르고, 다른 한쪽은 가위로 칼집을 내서 비스듬히 자른 쪽에 꽂아요.

2

빨대의 연결 부위를 투명 테이프로 단단히 감아요. 이런 식으로 빨대를 5~6개 연결해서 1m 길이로 만들어요.

3

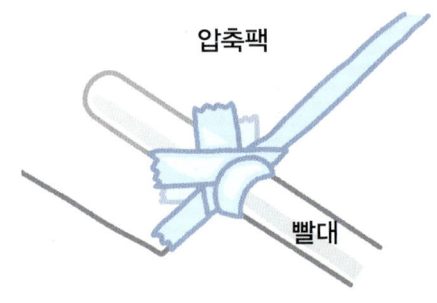

압축팩(비닐봉지)에 빨대를 꽂고 공기가 새지 않도록 테이프로 꽉 막아요.

⭐ 생각대로 되지 않는다면!

비닐봉지나 빨대의 연결 부위에서 공기가 새어 나갈 수도 있어요. 숨을 불어넣으면서 손을 대 보고 공기가 새어 나간다면 다시 테이프로 꽉 막아요.

테이프로 단단히 막아야 해. 봉투에 구멍이 나면 마술을 제대로 할 수 없거든.

과학으로 마술비법 밝히기

손바닥에 '후' 하고 숨을 불어 보세요. 바람이 약하게 느껴질 테지만, 사실 입으로 내쉬는 숨에는 엄청 큰 힘이 숨어 있답니다. 사람을 뜨게 할 만큼 큰 힘이 말이지요.

'마법의 숨을 불어넣으면?'(56쪽 참고) 마술에서는 가느다란 빨대로 공기를 불어넣었어요. 이때 빨대에서 나온 숨의 압력(54쪽 참고)이 비닐봉지 표면의 모든 부분에 그대로 전달되기 때문에 압력이 같아진답니다. 같은 압력이라도 압력이 실리는 면적이 클수록 힘의 합은 커져요. 그래서 무거운 사람의 몸을 지탱하고 떠오르게 할 수 있는 거예요. 단, 조금씩 떠오르기 때문에 반복해서 공기를 불어넣어야 해요.

공기는 압력을 구석구석까지 전달하지. 그래서 면적이 넓으면 힘의 합도 커진단다.

방석에 앉은 사람의 무게는 봉지 전체에 분산되어 있기 때문에 봉지 일부분만을 보면 그다지 무게가 몰려 있지 않다.

절반 면적의 봉지

숨의 힘은 공기 중에 전달되어 봉지 속 구석구석에까지 미친다. 압력을 받는 면적이 클수록 작용하는 힘의 합은 커진다.

만약 봉지의 면적이 절반이 되면 힘도 약해진다는 말이네.

물고기를 잡아당기는 투명 끈

보이지 않는 끈이 물고기를 떴다가 가라앉게 한다!

가라앉아도 또 떠오른다고? 보이지 않는 끈이 있는 걸까?

싹둑!

압력과 공기의 마술 **2**장

따라 해 보세요!

1

> 페트병 안에 물고기가 떠 있지요? 이 물고기에는 눈에 보이지 않는 투명한 끈이 달려 있답니다.

> 끈을 잡아당겨 볼게요. 물고기가 가라앉죠?

페트병을 한 손으로 들고 다른 손으로 밑에서 투명한 끈을 잡아당기는 시늉을 하면, 물고기가 가라앉아요.

2

> 이번에는 보이지 않는 이 끈을 잘라 볼게요.

> 싹둑! 보이지 않는 끈은 잘라도 또 나오기 때문에 몇 번이고 당기고 자르고 반복할 수 있어요.

떠올랐다!

이번에는 가위를 들고 병 바닥 부분에서 끈을 자르는 시늉을 해요. 그러면 물고기가 다시 떠올라요.

61

준비물

- [ ] 탄산음료 페트병 1개(뚜껑은 빼 둘것)
- [ ] 양념 통(간장이나 소스를 넣는 도시락용의 작은 플라스틱 용기)
- [ ] 나사못 여러 개(양념 통에 들어갈 크기)
- [ ] 압정
- [ ] 그릇, 세숫대야 등(물을 넣을 커다란 용기)
- [ ] 가위

> 양념 통은 마트에서 판단다. 페트병 주둥이에 들어갈 만한 것을 골라야 해.

마술비법 준비하기

1

압정으로 양념 통 바닥에 구멍을 뚫고 추로 쓸 나사못을 양념 통 바닥에 박아 넣어요.

2

압정으로 양념 통 아래쪽에 구멍을 두세 군데 뚫어요.

3 양념 통을 손가락으로 눌렀다 힘을 빼면 물이 빨려 들어간다.

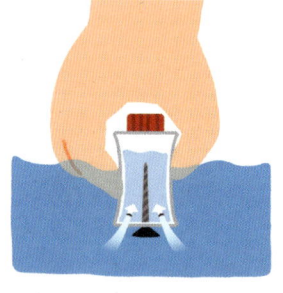

양념 통을 뜨게 한다.
1~2mm

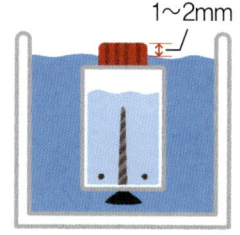

물이 든 용기에 양념 통을 넣고 그림과 같이 양념 통 속의 물을 빨아들여요. 양념 통을 뜨게 했을 때 양념 통의 뚜껑이 1~2㎜ 정도 수면 밖으로 나오도록 용기 속 물의 양을 조절해요.

4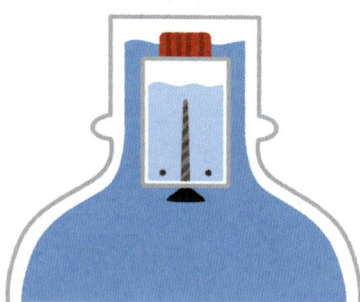

페트병의 주둥이 끝까지 물을 넣고, ❸의 양념 통을 넣은 뒤 뚜껑을 닫아요.

주의! 압정에 손가락이 찔리지 않도록 조심해요.

> 양념 통에 물고기 그림을 그리거나 장식을 달면 재밌겠다. 떴다 가라앉는 모습도 눈에 띄고 말이야.

포인트

페트병을 쥔 손에 힘을 넣었다 뺐다 하면 양념 통이 떴다가 가라앉아요. 힘을 주고 있다는 것을 눈치채지 못하게끔 끈을 잡아당겼다가 끊었다가 하는 시늉을 과장하세요. 떴다가 가라앉는 타이밍에 맞춰서 사람들의 주의를 끄는 거예요.

압력과 공기의 마술 2장

생각대로 되지 않는다면!

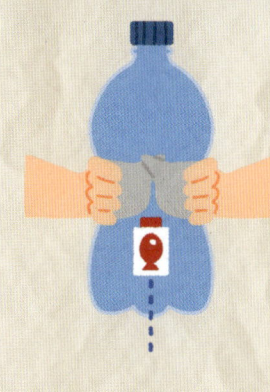

양념 통을 페트병 안에 제대로 넣어도 누르는 힘이 약하면 양념 통이 떴다 가라앉았다 하지 않아요. 이럴 때는 두 사람이 함께 마술을 하면 되어요. 페트병을 꽉 쥐는 역할과 끈을 잡아당기고 끊는 역할을 한 사람씩 맡는 거예요. 이때 페트병은 양손으로 잡고 있으면 좋지요.

양손으로 잡아도 양념 통이 아래로 가라앉지 않을 때는 양념 통 속에 나사못을 더 넣어 추를 늘려요. 또 양념 통 속에 넣는 물의 양을 늘려요.

 과학으로 마술비법 밝히기

공기는 누르면 부피가 줄어들지만 물은 눌러도 부피가 변하지 않아요. 페트병을 꽉 쥐면 그 힘은 물을 통해 차례로 양념 통 속의 공기로 전달되어요. 그러면 공기는 줄어들어 부피가 작아지지요.

공기의 부피가 줄어드는 대신 구멍에서 양념 통 속으로 물이 들어오면 뜨는 힘(부력)이 약해져요. 반대로 손의 힘을 빼면 공기의 부피는 원래대로 돌아가 물을 밀어내죠. 그러면 부력이 다시 살아나서 또 양념 통이 떠오르게 되어요.

힘을 준다

공기의 부피가 줄어들어 물이 들어가 부력이 작아진다

힘을 뺀다

공기의 부피가 원래대로 돌아가서 물을 밀어내고 부력도 회복한다

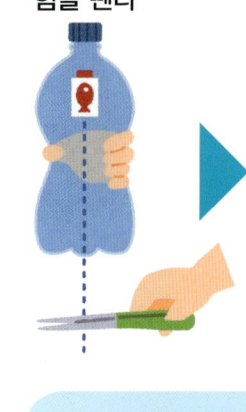

공기의 부피가 줄어들었다 늘었다 하면 부력도 작아졌다가 커졌다가 하는구나.

뚜껑이 없는 페트병을 누르면 물은 넘쳐 흘러나오지. 하지만 뚜껑이 있으면 물은 나올 곳이 없어져서 그 힘은 물로 전달된단다. 또 양념 통에까지 전해져 안의 공기를 눌러 찌그러뜨리지.

63

압력의 전달 구조

유체(기체나 액체) 속에서 전달되는 힘

철이나 나무같이 단단하고 모양이 변하지 않는 물체는 힘을 받는 방향으로만 힘이 전달되어요. 하지만 공기, 물 등과 같은 유체는 한 곳에서 힘을 주어도 힘이 사방팔방으로 전달된답니다. 예를 들어 유체를 용기에 넣고 힘을 주면, 그 힘이 유체 속에서 흘러서 구석구석까지 도달하지요. 이렇게 전달된 힘은 용기 전체를 누르며 세력을 넓혀 가요.

유체 속에서는 어느 장소에서나 똑같은 세기로 힘이 작용해요.

유체 위에서 누른 빨간 화살의 힘과 유체 속에 전해진 파란 화살 한 개의 힘은 같은 세기란다.

바깥쪽의 한 곳에 힘을 준다

철, 나무 등

힘은 그 방향으로 전달된다.

바깥쪽의 한 곳에 힘을 준다

물, 공기 등

힘은 용기 전체를 넓히듯 전달된다.

'모든 면'에 전달되는 힘

유체에 힘을 주었을 때 유체 속에 있는 물질에도 그 힘은 전해져요. 예를 들면, 물속에 부풀린 풍선이 있을 때 물에 힘을 주면 풍선은 어떻게 될까요? 풍선은 주변에서 압력을 받아 '모든 면'에 힘이 전달되어요. 우리가 모든 방향으로부터 대기압(54쪽 참고)을 받는 것과 같은 원리랍니다.

'물고기를 잡아당기는 투명 끈'(60쪽 참고)의 마술에서 페트병을 손으로 꽉 잡고 힘을 주었어요. 그 힘은 물의 압력으로 물속에 전달될 뿐 아니라 이 압력은 양념 통 속에도 전해져서, 공기를 눌러 줄어들게 해요. 이 마술은 압력이 유체 속의 물체에도 전달된다는 원리를 이용한 거지요.

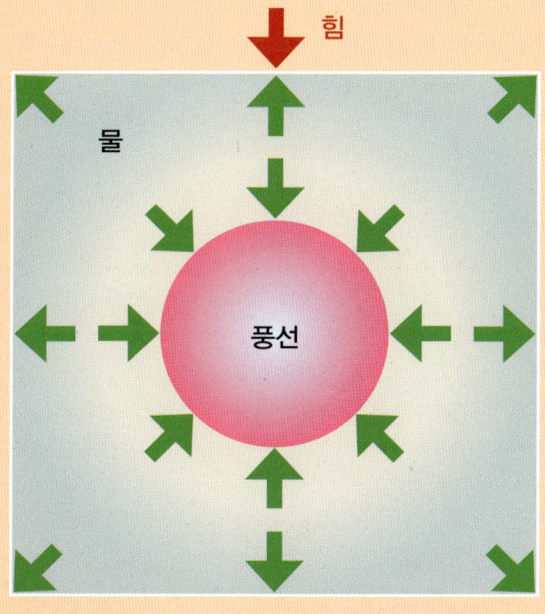

밖에서 힘을 주면, 풍선 주변의 모든 방향에서 힘이 작용한다.

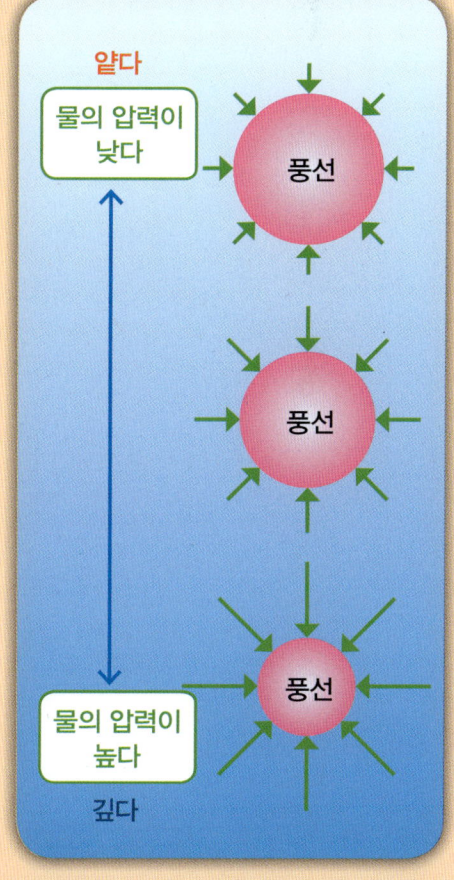

물속에서도 물의 무게에 따라 압력이 작용한다. 물이 깊은 곳일수록 물의 압력은 커지기 때문에 풍선을 가라앉히면 풍선의 크기가 더 줄어든다.

압력의 원리를 이용해서 힘을 더 크게 할 수 있어요

유체 속에서 전달되는 압력(65쪽 참고)의 원리를 이용하면, 힘의 크기를 키울 수 있어요. 예를 들면, 작은 면적에서 유체에 힘을 주어 큰 면적으로 힘이 전달되게 해요. 이때 큰 면적이 받은 힘은 처음에 힘을 주었을 때보다도 훨씬 더 커진답니다. '마법의 숨을 불어넣으면?'(56쪽 참고)의 마술은 이 원리를 이용한 거예요.

다만 힘의 크기가 커지는 대신에 물체를 움직이는 거리는 짧아지기 때문에 여러 번 숨을 불어넣어 반복해서 힘을 주어야 해요. 한 번에 움직이는 거리가 짧아도 반복해서 숨을 불어넣으면, 방석에 앉은 사람이 조금씩 솟아오르지요.

이 원리는 실생활에서도 유용하게 쓰이고 있어요. 특히 무거운 물체를 들어 올리는 수압기나 물체를 뭉개 버리는 액압 프레스는 유체를 사용해서 작은 압력으로 큰 힘을 낳는 기계로, 이 원리를 이용해 만든 거예요. 이처럼 압력의 원리는 우리 생활 속에서 큰 도움을 주고 있답니다.

다른 면적에 압력이 전해지는 원리

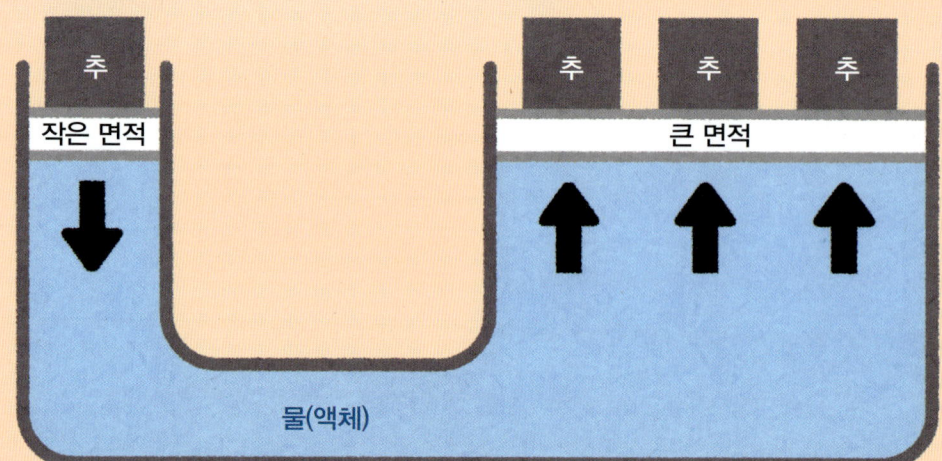

작은 면적에 실리는 추의 무게(힘)는 압력이 되어 물(유체)을 통해서 용기 속 어디에나 같은 크기로 전달된다. 그래서 작은 면적의 추 1개와 큰 면적의 추 3개는 균형을 이룬다. 즉, 작은 힘으로 큰 힘을 낳을 수 있다는 것을 보여 준다.

유체에 전달된 압력은 모든 부분에 같은 크기로 작용하고 있단다. 작은 면적의 압력은 용기 속의 모든 면에 작용하지.

큰 면적에 작용하는 압력을 합쳐 보니까 힘이 커졌네!

3장
전기와 자석의 마술

 난이도 ★★★☆☆
 시간 10분

보이지 않는 힘을 끊는 마법의 가위

실이 붙어 있는 것 같진 않은데?

어떻게 된거지?

가위로 싹둑 자르면
보이지 않는 힘을 끊을 수 있다!

따라 해 보세요!

1 이것은 자석의 힘을 끊을 수 있는 마법의 가위예요.

가위에 별다른 속임수가 없음을 보여 주어요.

2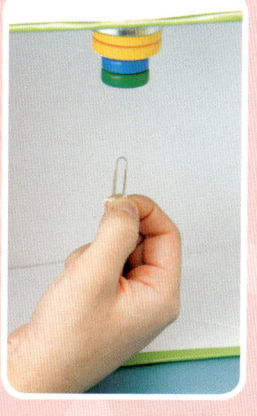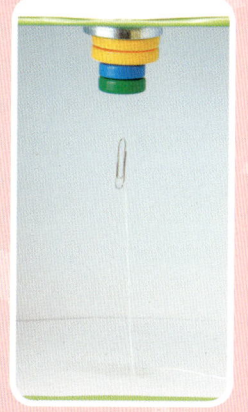

상자 속을 보세요. 눈에 보이지 않는 자석의 힘 때문에 클립이 공중에 떠 있어요.

상자 바닥에 실로 이어 놓은 클립을 자석에 가져다 대요. 실이 약간 짧기 때문에 자석에는 닿지 않고 떠 있는 것처럼 보여요.

3

클립과 자석 사이에 손을 넣어 보세요. 그래도 클립이 떨어지지 않아요.

클립과 자석 사이에 손을 넣게 해서 떨어지지 않는 클립의 모습을 보여 주어요.

4

그럼 클립을 당기는 자석의 힘을 가위로 끊어 보겠습니다!

자석과 클립 사이의 공기를 가위로 잘라요.

5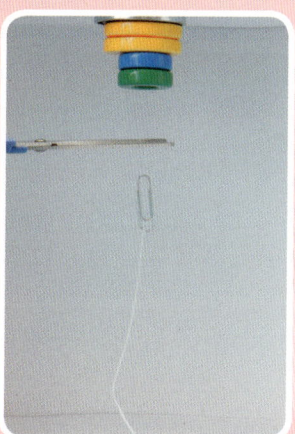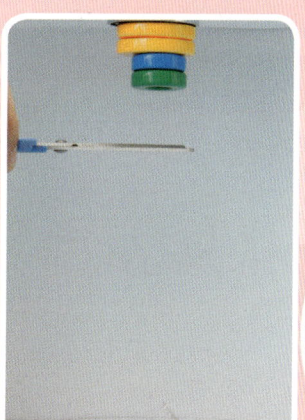

클립이 아래로 떨어져요.

이것 봐! 마법의 가위가 보이지 않는 힘을 끊었어!

굉장해!

전기와 자석의 마술 **3**장

69

준비물

- [ ] 페라이트 자석 2~3개 또는 네오디뮴 자석 1개
- [ ] 클립 1개
- [ ] 뜨개실
- [ ] 상자(폭 25cm×높이 20cm×깊이 15cm의 것)
- [ ] 테이프
- [ ] 철제 가위

페라이트 자석과 네오디뮴 자석은 철가루를 굳혀서 만든 자석이야. 자석은 성분에 따라 힘과 성질이 다른데, 현재 가장 강력한 자석은 네오디뮴 자석이란다.

일반 자석을 3~5개 정도 겹쳐서 써도 돼!

주의!

시계에 자석을 가까이 대면 고장 날 수 있으니 조심해요. 또 가위는 자석의 영향을 받으면 자석이 되기도 하니까 오랜 시간 자석에 가까이 대지 않도록 주의해요.

마술비법 준비하기

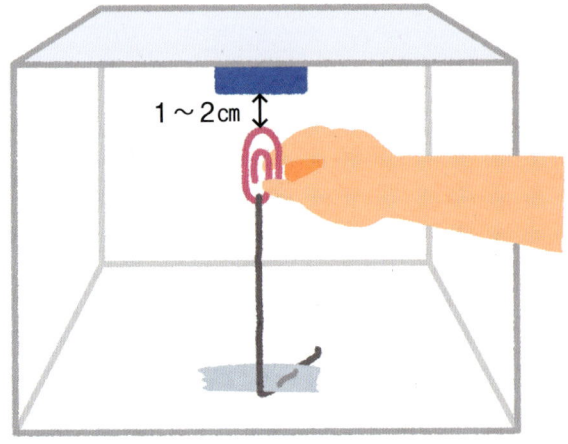

1 상자 아랫면에 자석을 두고 테이프로 고정한 뒤 상자의 위아래를 뒤집어요.

2 실의 한쪽 끝을 클립으로 연결하고, 다른 한쪽 끝을 **1**에서 고정한 자석 맞은편에 테이프로 고정해요. 이때 클립과 자석 사이 간격은 1~2cm 정도가 좋아요.

전기와 자석의 마술 3장

포인트

가위를 자석과 클립 사이에 넣으면 자석을 끌어당기는 힘(자기력)에 변화가 생겨요. 자석에서 조금 떨어져 있다가, 자석과 클립 사이에 가위를 넣어서 끊는 시늉을 해 보세요. 진짜 자기력을 가위로 끊는 것처럼 보이게끔 말이에요. 이때 가위를 재빨리 빼지 않으면 자석에 달라붙을 수 있으니 조심해야 해요.

과학으로 마술비법 밝히기

자석에는 철을 끌어당기는 힘(자기력)이 있는데, 이 힘은 거리가 떨어진 곳에도 도달해요. 클립이 떠 있는 것처럼 보였던 것도 이러한 자기력에 이끌렸기 때문이지요.

그러나 더 가까이에 있는 물체가 있으면 자기력은 그쪽으로 작용한답니다. 철제 가위를 클립과 자석 사이에 넣었을 때, 자기력이 클립에서 가위 쪽으로 바뀐 건 그런 이유에서예요. 그래서 클립이 떨어졌던 거예요.

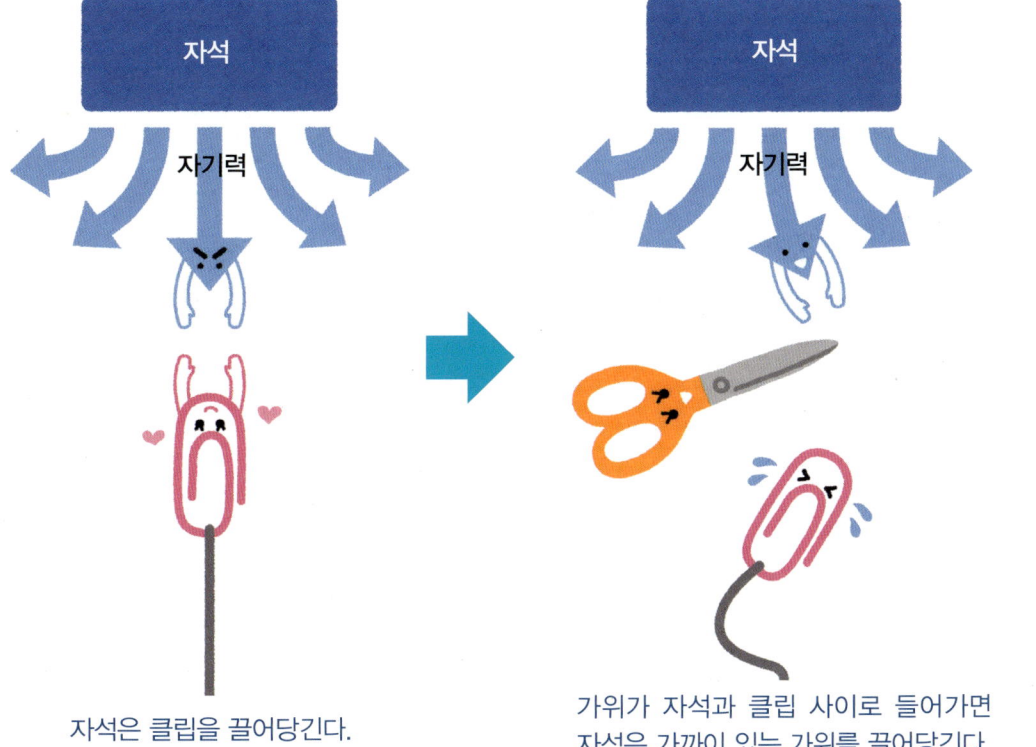

자석은 클립을 끌어당긴다.

가위가 자석과 클립 사이로 들어가면 자석은 가까이 있는 가위를 끌어당긴다.

자석의 힘을 끊은 게 아니고 가위 쪽으로 자기력의 방향이 바뀐 거구나.

난이도 ★★☆☆☆
시간 10분

동영상 ③

꽃을 피우는 종이컵

와, 예쁘다!

알록달록 철사와 종이컵만 있으면 순식간에 화려한 꽃을 피운다!

 전기와 자석의 마술 3장

따라 해 보세요!

 1

이 종이컵에는 어떤 속임수도 없답니다. 이 종이컵에 꽃을 피울 거예요. 잘 보세요.

종이컵에 속임수가 없다는 사실을 보여 주고, 탁자에 엎어 놓아요. 미리 작게 잘라 둔 알록달록한 철사를 종이컵 위에서 조금씩 흩뿌려요. 이때 손과 종이컵과의 거리는 20㎝ 정도가 적당해요.

2

짠, 꽃이 활짝 피었습니다!

철사의 색을 모아 보면, 새파란 꽃과 빨간 꽃도 피울 수 있단다.

철사를 계속 뿌리다 보면 컵에 달라붙어서 꽃 모양으로 늘어선답니다.

73

 **준비물**

- [ ] 크고 평평한 큰 자석 1개
- [ ] 납작한 비닐로 싸인 철사
- [ ] 종이컵 3개
- [ ] 가위
- [ ] 테이프

납작한 비닐로 싸인 철사

 주의!
시계에 자석을 가까이 대면 고장 날 수 있으니 주의해야 해요.

마술비법 준비하기

1  종이컵을 뒤집어 그 위에 자석을 올리고 테이프로 고정한 뒤, 다른 종이컵을 덮어요.

2 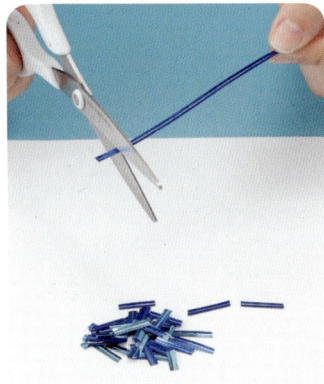 철사를 1~1.5㎝ 정도의 길이로 잘라요. 종이컵 기준으로 높이 3㎝ 정도가 찰 만큼 준비해요.

 **포인트**

자른 철사를 뿌릴 때, 몽땅 뿌리지 않고 조금씩 흩뿌리면, 꽃 모양이 예쁘게 만들어져요.

한번에 많이 뿌리면 달라붙지 않고 바닥에 모두 떨어진단다.

과학으로 마술비법 밝히기

전기와 자석의 마술 3장

철로 만들어진 철사는 당연히 자석에 붙어요. 자석의 힘(자기력)은 거리가 있는 물체에도 작용하기 때문에 종이컵이 사이에 있어도 철사까지 자기력이 도달한답니다. 그래서 자기력의 방향으로 철사가 늘어서지요.

자석 주위에 철가루를 뿌리면 어떤 모양이 나타나는지 본 적 있나요? 철가루가 늘어서는 방향이 자기력의 방향이에요. 오른쪽 사진처럼 자기력은 S극과 N극의 양쪽에 꽃처럼 퍼져 있어요. 철사도 이러한 자기력 방향을 따라 붙기 때문에 꽃처럼 바깥쪽으로 퍼진 모양이 되었어요.

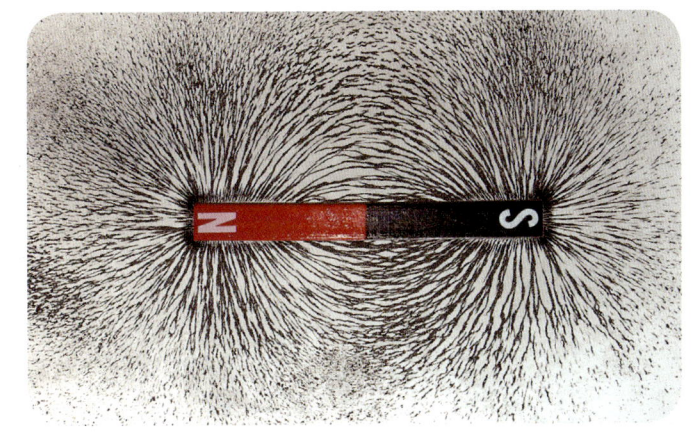

철가루를 끌어당기는 자석의 힘

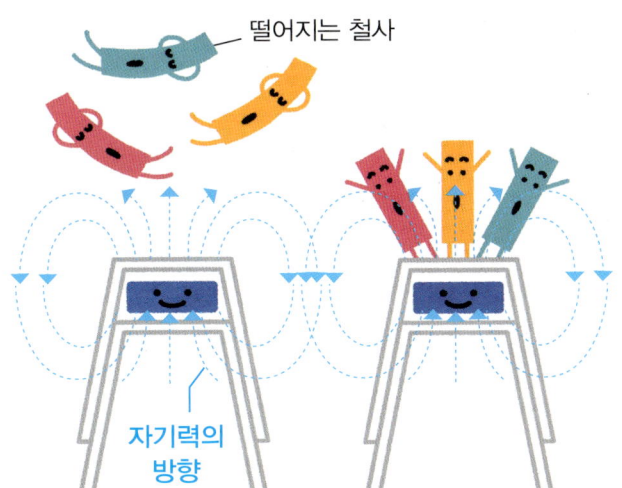

철사는 자기력의 방향에 따라 늘어선다.

철사는 자기력이 미치지 않으면 아무 데나 떨어지는데, 자기력이 닿으면 자석의 힘의 방향을 따라 달라붙는구나.

응용놀이

철사 고드름을 만들자!

마술을 끝낸 뒤 자석이 들어 있는 컵을 뒤집어서 바닥에 떨어져 있는 철사에 가까이 가져다 대요. 철사가 '고드름'처럼 컵 바닥에 달라붙는 모습을 볼 수 있어요.

겹쳐 있는 컵을 떨어뜨리지 않도록 잘 들고 있어야 해.

더 알고 싶은 과학

자석의 힘(자기력)

자석에 붙는 물체, 붙지 않는 물체

자석의 한 곳을 누르고 돌리면, 신기하게도 자석은 나침반처럼 남북 방향을 향해서 멈춘답니다. 그때 북쪽을 가리키는 극이 N극, 남쪽을 가리키는 극이 S극이에요. N극과 S극은 서로 끌어당기고, 같은 극끼리는 서로 밀어내지요. 이와 같은 자석의 힘을 '자기력'이라고 해요.

자기력은 눈에 보이지 않아요. 하지만 철로 만들어진 물체를 가까이 가져갔을 때 끌어당기는 힘을 느낄 수 있답니다. 유리, 나무, 플라스틱, 그리고 대부분의 금속은 자석에 끌려가지 않지만, 철이나 니켈 같은 금속은 자석에 강하게 끌려가요. 이러한 물질을 '강자성체'라고 하지요.

물체 속 작은 자석

보통 '자석' 하면 냉장고 등에 메모를 붙일 때 쓰거나 실험 도구로 쓰는 자석을 떠올릴 거예요. 하지만 철로 만든 물체 속에도 작디작은 자석이 들어 있답니다.

철로 만든 물체 속에 들어 있는 작은 자석은 방향을 제멋대로 가리키고 있어서 평소에는 자석의 힘이 잘 나타나지 않아요. 하지만 실제 자석을 가까이 가져다 대면, N극과 S극이 같은 방향이 되어서 자석의 힘을 가지게 된답니다. 이러한 현상은 물체에서 자석을 떼어 낸 뒤에도 얼마간 지속되어요. 그래서 자석에 붙은 적이 있던 못은 자석을 떼어 낸 뒤에도 얼마간 자석처럼 다른 못을 붙일 수 있지요. 즉 물체 속에 있는 작은 자석의 방향이 어떻게 변화하느냐에 따라 자석의 힘을 가질 수도, 잃을 수도 있는 거예요.

철과 니켈처럼 자석에 잘 붙는 물질은 자석을 가까이 가져가면 물질 속의 작은 자석이 전부 모여서 같은 방향을 향한단다.

자석에 붙는 물질 속의 작은 자석

가까이 댄 자석의 S극이 작은 자석의 N극을 끌어당겨 달라붙는 거구나.

자기력이 작용하는 공간, '자기장'

　자기력은 거리가 떨어진 곳까지도 도달해요. 자기력이 미치는 공간을 자기장(자장)이라고 해요. 이때의 자기력 방향은 N극에서 S극으로 향하고 하나로 이어지는 곡선의 모양을 띠지요. 이 곡선을 '자기력선'이라고 해요. 자석 주위에 사철을 둘러쌓을 때에 생긴 모양이나 '꽃을 피우는 종이컵'(72쪽 참고) 마술에 철사가 만든 모양은 자기력선의 모양(자기장의 모습)을 가리켜요.

　자기력선은 자기력의 극 주위에 퍼져 있지만, 도중에 강자성체가 있으면 그에 따라서 변하기도 해요. '보이지 않는 힘을 끊는 마법의 가위'(68쪽 참고)의 마술에서는 자석과 클립 사이에 철제 가위를 넣었기 때문에 자기력선이 변했어요. 이 자기력이 클립에는 도달하지 않아서 클립이 떨어졌지요.

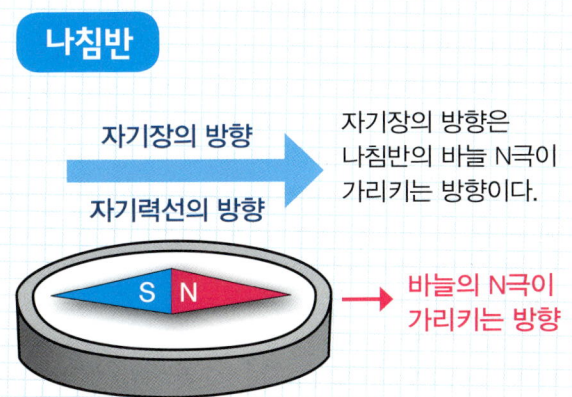

나침반

자기장의 방향 → 자기력선의 방향

자기장의 방향은 나침반의 바늘 N극이 가리키는 방향이다.

바늘의 N극이 가리키는 방향

막대자석 주변의 자기장

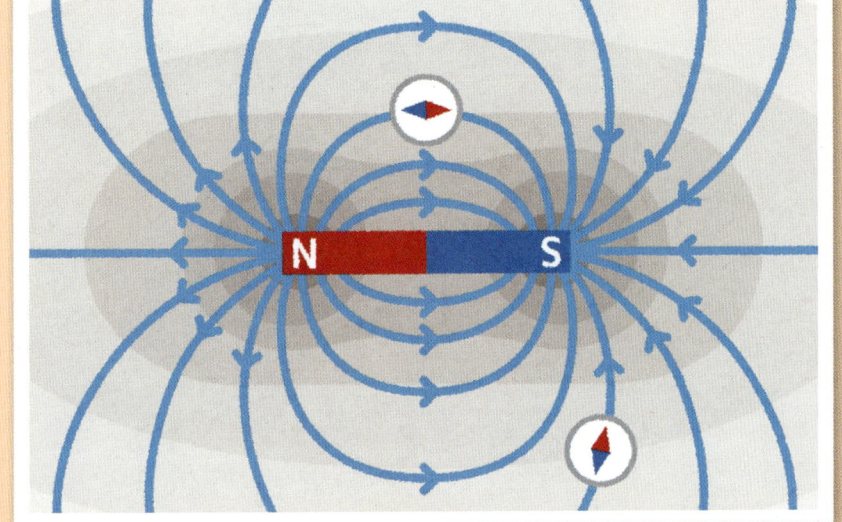

자기력선은 N극에서 나와서 S극으로 향하는구나.

자기력선의 간격이 좁은 곳은 자기장이 강하단다. N극과 S극 가까이는 끌어당기는 힘이 강하지.

전기와 자석의 마술 3장

따라 해 보세요!

1

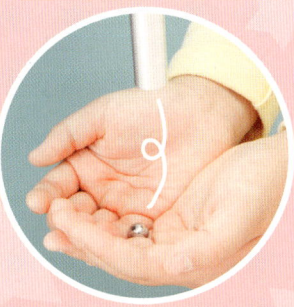

"여기에 쇠구슬과 대롱이 있어요."

"쇠구슬을 대롱 속에 떨어뜨려 볼 거예요. 당연히 바로 떨어지겠죠?"

대롱과 쇠구슬을 보여 준 뒤, 대롱을 똑바로 세워 들고 그 속에 구슬을 떨어뜨려요.

2

"이번에는 같이 해 볼까요?"

"보통 쇠구슬인데……."

"쇠구슬이 천천히 떨어지도록 주문을 외우면서 떨어뜨려 볼게요!"

대롱과 쇠구슬을 주고, 각자 대롱 속에 구슬을 떨어뜨려요.

3

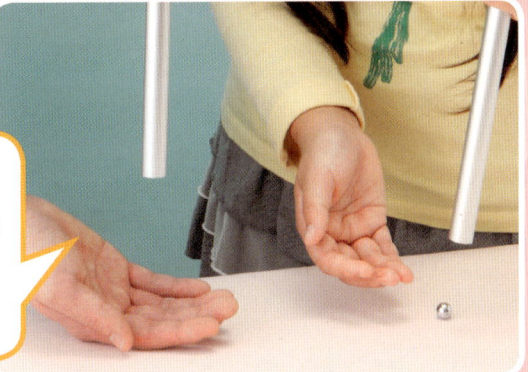

"내 구슬은 아무래도 떨어지지 않는군요. 주문이 통했나 봐요."

동시에 구슬을 떨어뜨려도 상대방의 구슬만 먼저 떨어지고 내 것은 잘 떨어지지 않아요.

4

"보시는 대로 보통의 쇠구슬이에요."

천천히 내 구슬이 떨어지면 대롱에 달라붙지 않는 보통의 쇠구슬임을 다시 보여 주어요.

준비물

- [ ] 알루미늄 대롱 2개
  (구멍의 지름 1cm, 길이 50cm~1m)
- [ ] 공 모양의 네오디뮴 자석 1개
  (알루미늄 대롱에 들어갈 크기)
- [ ] 쇠구슬 1개
  (공 모양의 네오디뮴 자석과 같은 크기의 것)
- [ ] 좌우에 호주머니가 달린 앞치마나 옷

알루미늄 대롱과 쇠구슬은 철물점, 공 모양의 네오디뮴 자석은 학교 교재를 파는 문구점에 있단다.

주의! 시계에 자석을 가까이 대면 고장 날 수 있으니 주의해야 해요.

마술비법 준비하기

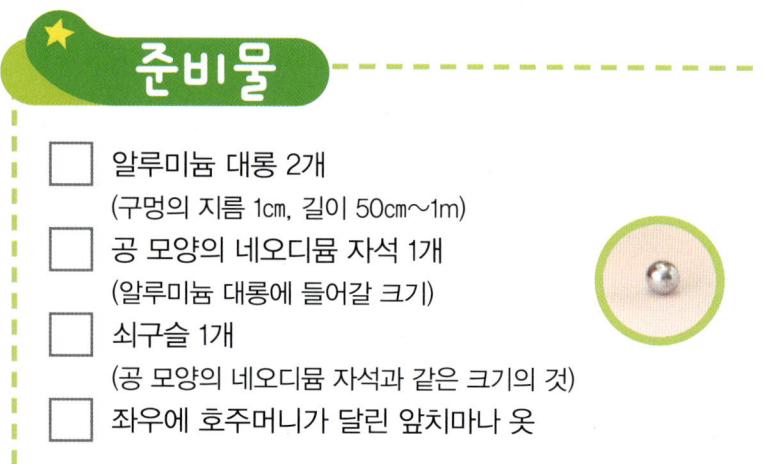

네오디뮴 자석 / 쇠구슬

네오디뮴 자석과 쇠구슬을 호주머니 좌우에 각각 넣어요. 좌우 어느 쪽 호주머니에 무엇을 넣었는지 꼭 기억해 두어요.

구슬을 잘못 건네지 않도록 호주머니에 잘 넣어 두어야겠구나.

포인트

쇠구슬 / 네오디뮴 자석

함께 구슬을 떨어뜨릴 때 상대에게는 쇠구슬을 건네고 마술을 하는 사람은 네오디뮴 자석을 가져요. 네오디뮴 자석은 잘 떨어지지 않거든요. 그러니 구슬을 잘못 건네지 않도록 주의해요.
쇠구슬도 네오디뮴 자석 구슬도 전부 알루미늄 대롱에 붙지 않는다는 사실을 상대에게 보여 주어요.

과학으로 마술비법 밝히기

전기와 자석의 마술 3장

에나멜선과 같은 도선을 나사 모양으로 감은 코일에 전류를 흘려보내면 자기장(77쪽 참고)이 생겨요. 코일에 전류를 흘려보내는 방법은 간단해요. 자석을 가까이 가져갔다 멀리 떨어뜨리면 되지요. 이 마술에서는 알루미늄 대롱이 코일과 같은 역할을 해요. 자석이 대롱을 통과하면서 대롱에 전류가 발생해서 자기장이 생기는 거예요. 바닥으로 떨어지는 자석의 자기장과 대롱 안에 생긴 자기장이 서로 자기력이 작용하여 자석이 잘 떨어지지 않았던 거예요.

자석을 가까이 가져가면 코일과 자석은 서로 가까운 쪽의 극이 같은 극이 되어 서로 밀어낸단다. 반대로 자석을 멀리 하면 코일에 가까운 쪽이 멀어져 가는 자석의 극과 반대 극이 되어 서로 끌어당기지.

자석이 코일에서 가까워지면

자석과 코일 사이에 작용하는 힘
서로 밀어낸다

자석이 코일에서 멀어지면

자석과 코일 사이에 작용하는 힘
서로 끌어당긴다

 위

알루미늄 대롱 속

자석의 위쪽에서는
네오디뮴 자석이 떨어지면서 멀어지면 네오디뮴 자석을 위쪽으로 되돌리는 힘이 작용한다.

자석의 아래쪽에서는
네오디뮴 자석이 떨어져 멀어지면 네오디뮴 자석을 위쪽으로 다시 밀어내는 힘이 작용한다.

네오디뮴 자석

 아래

알루미늄 대롱 속을 들여다보면 네오디뮴 자석이 부르르 떨면서 천천히 떨어지는 모습을 볼 수 있겠구나.

따라 해 보세요!

1

이것은 알루미늄으로 만든 판이에요. 알루미늄은 자석에 붙지 않아요. 하지만 저는 이 판으로 자석의 진자를 한순간에 멈추게 할 수 있답니다.

알루미늄판이라 자석에는 붙지 않음을 설명하고 실제로 보여 주어요.

2

이제 진자를 흔들 거예요. 그리고 알루미늄판의 가운데에서 딱 멈춰 볼게요.

진자를 흔들었을 때 바로 밑에 오게 알루미늄판을 깔아요. 그리고 연실이 처지지 않도록 진자를 들고 흔들 준비를 해요.

3

진자야, 멈춰랏! 보세요. 멈췄죠?

우아, 어떻게 된 거지?

진자를 든 손가락을 떼고 진자가 딱 멈추는 모습을 보여 주어요.

준비물

- [ ] 네오디뮴 자석 2~4개(1~2㎝ 크기)
- [ ] 알루미늄판 또는 알루미늄 자
- [ ] 연실(연줄로 쓰는 실)
- [ ] 테이프
- [ ] 진자를 매달 봉
- [ ] 봉을 지탱할 상자(높이 40㎝)
- [ ] 책(누름돌)

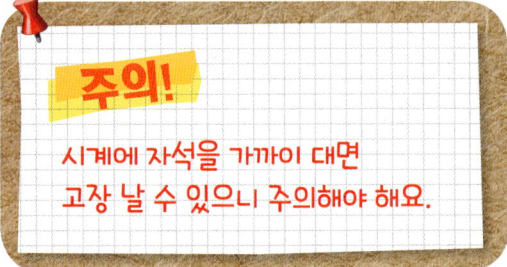

주의! 시계에 자석을 가까이 대면 고장 날 수 있으니 주의해야 해요.

마술비법 준비하기

1

4개를 겹친 네오디뮴 자석에 테이프로 연실을 붙여서 진자를 만들어요.

2

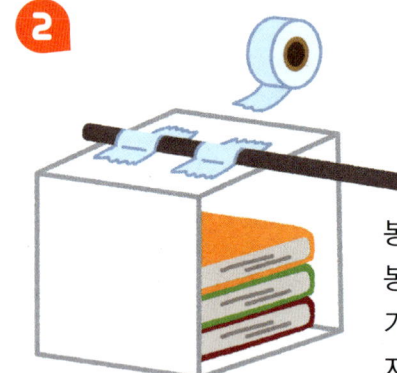

봉을 상자에 고정하고, 봉의 무게 때문에 상자가 넘어지지 않도록 상자 속에 책을 넣어요.

3

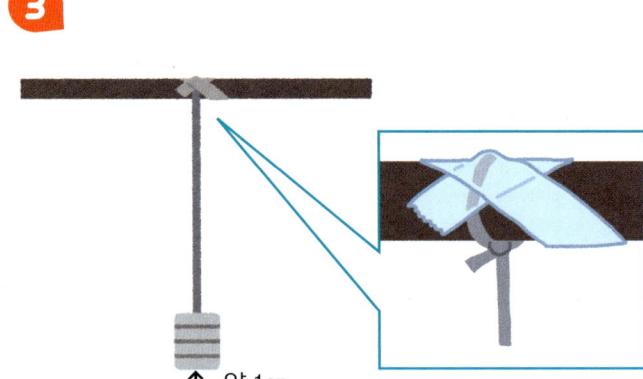

약 1㎝

바닥에 알루미늄판을 깔고, 진자와 알루미늄판의 간격이 1㎝가 되도록 연실의 길이를 조절해요. 진자를 봉에 연결하고, 이음매를 아래로 해서 테이프로 고정해요.

4

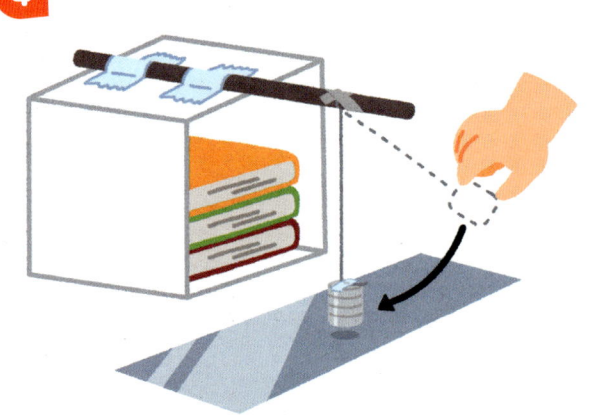

진자를 흔들어 보고 알루미늄판 위에서 진자가 제대로 멈추는지 확인해요.

 ## 과학으로 마술비법 밝히기

전기와 자석의 마술 3장

알루미늄처럼 전기가 잘 통하는 금속에 자석을 가까이 가져가면, 자기장(77쪽 참고) 때문에 금속에 전류가 흘러요. 그리고 금속 주변에 새로운 자기장이 생기지요. 이 자기장은 자석의 움직임을 방해한답니다.

'딱 멈추는 진자'(82쪽 참고) 마술에서는 진자의 자석이 가까워질 때는 자석을 밀어내는 자기장이, 멀어질 때는 끌어당기려고 하는 자기장이 발생했어요. 그래서 결국 진자는 멈춰 버렸지요.

가까워질 때
진자의 자석이 알루미늄판에 가까워지면 알루미늄 속에 전류가 흘러 자기장이 발생하고 진자를 밀어내는 방향으로 자기장이 작용한다.

멀어지려고 할 때
자석이 알루미늄판에서 멀어지려고 하면 알루미늄에서 발생한 자기장이 진자를 다시 끌어당기는 방향으로 작용한다.

응용놀이 — 알루미늄을 갖고 놀자

종이 위에 미로를 그린 뒤, 알루미늄판을 사용해서 네오디뮴 자석을 목적지까지 골인시켜야지!

알루미늄판을 종이 밑에 깔고, 종이 위에 자석을 올려놓는다.

자석이 미로를 따라 움직이도록 알루미늄판을 잘 조절한다.

알루미늄으로 만들어진 동전을 여러 개 세운 뒤, 네오디뮴 자석을 가까이 가져갔다가 갑자기 멀리 떨어지면 동전이 넘어져. 끌어당기는 힘이 생겨서 그래.

← 가까이 한다

넘어진다
→ 멀리 떨어진다

난이도 ★★☆☆☆
시간 5분

물줄기를 휘게 하는 마법의 풍선

풍선을 갖다 대어 보자
어? 물줄기가 끌려가네?

물줄기가 어째서 휘어지는 거지?

 준비물

- 가늘고 긴 모양의 고무풍선
- 티슈 2~3장(또는 울 소재의 천)

 포인트

뻑뻑 소리가 날 정도로 고무풍선을 문질러요. 풍선과 티슈는 마른 상태여야 하며, 고무풍선에 손으로 만진 흔적이 남아 있으면 안 돼요.

전기와 자석의 마술 3장

⭐ 따라 해 보세요!

1

물줄기가 1~2mm 굵기로 나오도록 수도꼭지를 조절해서 틀어요.

2

풍선을 깨끗하게 닦아서, 물줄기를 휘게 하는 마법의 풍선으로 만들 거예요.

티슈로 풍선을 열 번 넘게 문질러요.

3

물줄기에 가까이 가져가니까 물이 풍선에 이끌리면서 휘어졌죠?

아크릴 자나 빨대를 사용해도 물줄기를 휘게 할 수 있단다.

1cm 정도 간격을 두고 풍선을 가져다 대면 물줄기가 휘어져요. 풍선에 물이 묻으면 물을 조종하기 어려워지므로, 물줄기에 가까이 가져다 댈 때 주의해야 해요.

💡 과학으로 마술비법 밝히기

풍선을 티슈로 문지른 것은 정전기를 일으키기 위해서예요. 정전기는 서로 다른 물체를 문지를 때 생기는 전기인데, 물체를 끌어당기는 힘을 가지고 있어요. 책받침을 머리에 문지르다가 들어 올리면 머리카락이 책받침에 달라붙는 경험을 해 본 적 있지요? 이것도 정전기가 가진 끌어당기는 힘 때문이에요. 이 마술에서 물줄기가 휘어진 것도 풍선을 문지를 때 생긴 정전기가 작용했기 때문이지요. 정전기는 스웨터를 벗을 때, 카펫 위에서 슬리퍼를 신고 걸을 때, 랩을 벗길 때 등 여러 상황에서 일어난답니다.

더 알고 싶은 과학

전기에 의해 생기는 현상

전기를 통하게 하면 자석이 만들어진다고요?

도선(전기를 통과시키는 선)을 같은 방향으로 여러 번 감아서 만든 코일에 전류를 흘려보내면 자기력이 발생해요. 이때 코일 속에 철심까지 있으면 자기력이 모아져 강력한 자석이 되는데, 이러한 자석을 '전자석'이라고 하지요. 전류가 셀수록 그리고 도선을 많이 감을수록 자기력은 강해진답니다.

전자석은 모터를 비롯하여 다양한 가전제품이나 전자 기기를 만들 때에도 이용되어요. 작은 장난감뿐 아니라 많은 사람을 태우고 달리는 전철까지 전자석의 원리를 이용하여 움직이는 것들이 참 많답니다.

자기력으로 전류를 만들 수도 있어요. 도선 가까이에서 자석을 움직이면 그 도선에 전류가 흐르는데, 이것을 이용하여 만든 것이 바로 발전기예요. 발전기는 도선을 감은 코일과 자석이 조합된 장치로 어느 한쪽을 회전시키면 전기를 만들어 낼 수 있어요. 발전기는 팔을 흔들어 전기를 내는 작은 손목시계부터 전력을 사회에 공급하는 발전소를 만드는 데까지 다양한 곳에서 사용되지요.

전자석

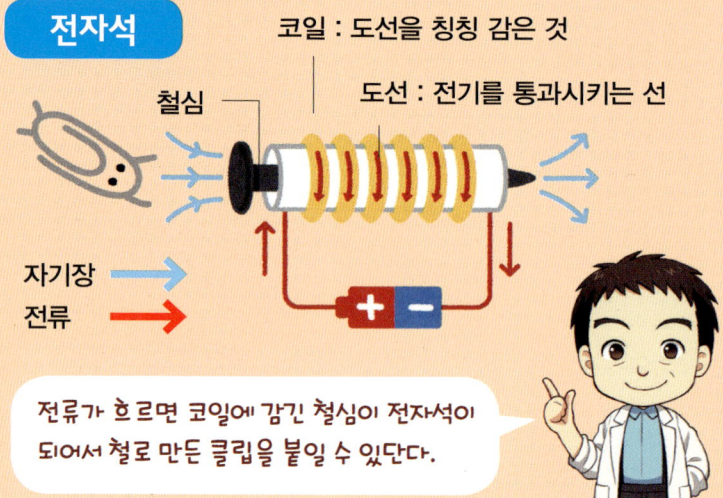

전류가 흐르면 코일에 감긴 철심이 전자석이 되어서 철로 만든 클립을 붙일 수 있단다.

모터가 돌아가는 방법

코일에 전류를 흘려보낸다.

전자석의 N극과 S극이 양쪽의 자석과 서로 끌어당긴다.

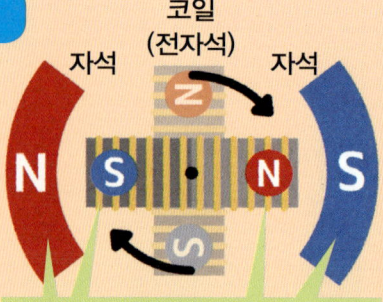

N극과 S극이 서로 끌어당겨 회전한다.

코일에 흘린 전류를 반대 방향으로 바꾼다. 전자석의 N극이 S극이 되고 S극이 N극이 된다.

S극과 S극, N극과 N극이 서로 밀어낸다.

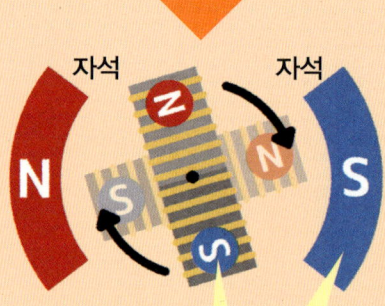

같은 극끼리 서로 밀어내며 회전한다.

자석이 움직이며 자기장을 만들어요

전기가 잘 통하는 알루미늄 옆에서 자석을 움직이면, 코일에 전류가 흐르는 것과 똑같은 상태가 된답니다. '잘 안 떨어지는 이상한 구슬'(78쪽 참고)과 '딱 멈추는 진자'(82쪽 참고)의 마술에서는 알루미늄 대롱과 알루미늄판에 전류가 흐르면서 자기장이 생겨났어요. 이 현상을 '전자 유도'라고 해요. 이때 자석을 가까이 가져가면 자석의 자기장과 반대 방향의 자기장이 생기고, 반대로 멀리 하면 자석의 자기장과 같은 방향의 자기장이 만들어져요. 즉 자석을 가까이 할 때는 밀어내고 멀리 치울 때는 다시 끌어당기는 자기력이 생기기 때문에 자석의 움직임에 방해가 된답니다. '잘 안 떨어지는 이상한 구슬'과 '딱 멈추는 진자'의 마술에서도 알루미늄 대롱과 알루미늄판에 자석의 움직임을 방해하는 자기장이 생겨서, 자석이 잘 안 떨어지거나 자석의 진자가 멈추었던 거예요.

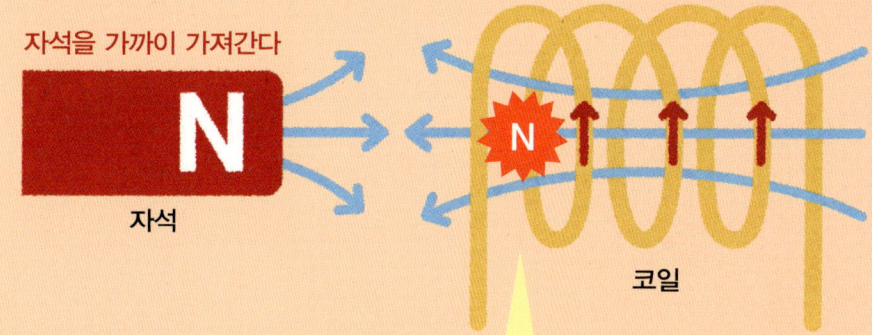

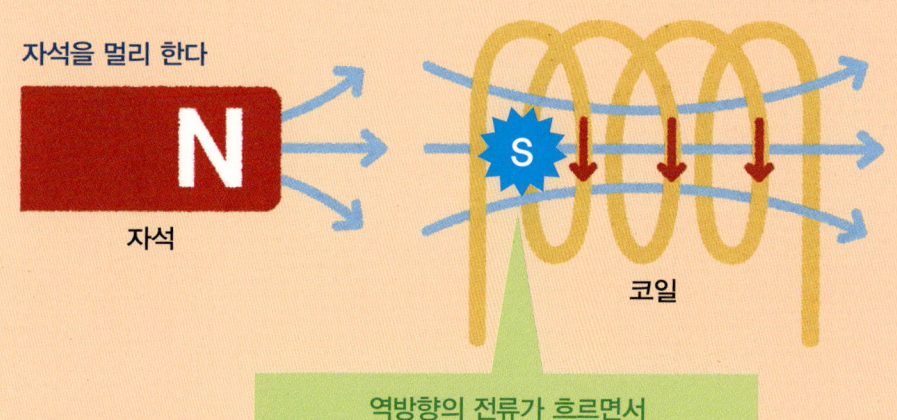

정전기란 무엇일까요?

'물줄기를 휘게 하는 마법의 풍선'(86쪽 참고)의 마술에서 물줄기가 휘어진 것은 두 가지 물질을 서로 문질렀을 때 생기는 정전기 때문이었어요. 그런데 문질렀을 때 생기는 전기를 왜 '정'전기라고 할까요?

'전류(電流)'라는 말에서도 알 수 있듯이, 전기는 '흐르는' 것이에요. 그러나 정전기는 흐르지 않고 쌓여 있기 때문에 '움직이지 않는다 = 고요한' 전기라는 뜻에서 고요할 정(靜)을 써서 정전기라고 불러요. 흐르지 않고 쌓이는 성질은 플라스틱이나 나일론과 같이 전기가 통과하기 어려운 물질에 있어요. 전기가 통하지 않아서 쌓이기 쉽지요.

정전기는 왜 일어날까요?

모든 물체는 원자(128쪽 참고)라는 작은 알갱이가 모여서 이루어져요. 원자 속에는 음의 전기를 지닌 '전자'가 있는데, 대개는 원자 속에서 음의 전기와 양의 전기가 균형을 이루지요.

그러나 두 가지의 물질을 서로 문지르면 전자가 이동하는데, 한쪽은 전자가 많아져서 음의 전기를 띠고 다른 한쪽은 전자가 적어져서 양의 전기를 띠게 된답니다. 같은 전기는 서로 밀어내고 다른 전기는 서로 끌어당기는 성질이 있기 때문에 많이 문질러서 양의 정전기가 쌓인 풍선은 물 원자의 전자와 서로 끌어당겨서 풍선 쪽으로 물의 흐름이 휘어지지요.

티슈 쪽에 전자가 치우쳐 있어!

전자가 이동한다

문지르지 않은 상태

양(+)과 음(−)의 전기가 균형을 이룬다.

서로 문지른 상태

전자가 이동해서 티슈는 음(−), 풍선은 양(+)의 전기를 띤다.

전자의 성질

양의 전기끼리   **음의 전기끼리**

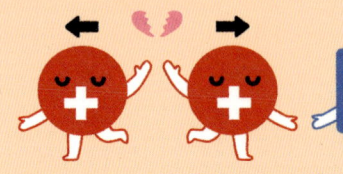

같은 전기는 서로 밀어낸다.

양의 전기와 음의 전기

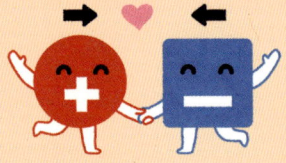

다른 전기는 서로 끌어당긴다.

문지른 풍선 쪽으로 물이 끌려간 것은 양의 전기와 음의 전기가 서로 끌어당겼기 때문이란다.

4장
운동과 힘의 마술

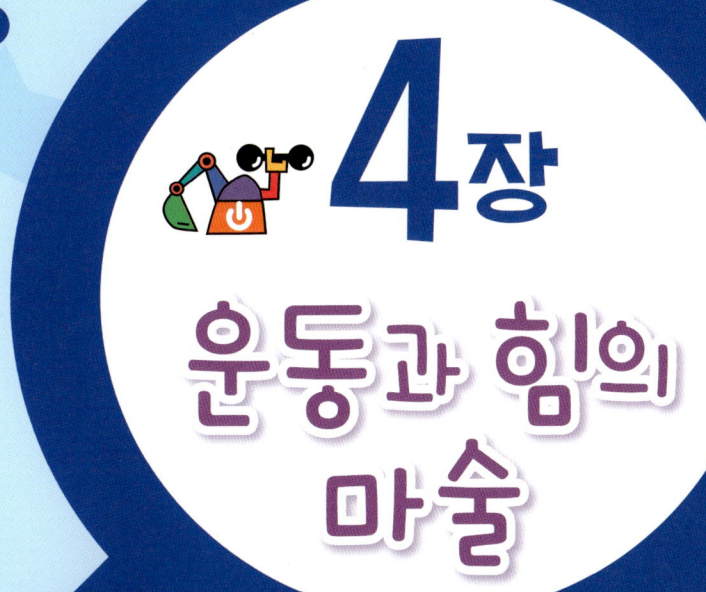

 **운동과 힘의 마술 4장**

⭐ 따라 해 보세요!

1
"이 볼펜이 동전을 통과하지는 못하겠죠?"

펜으로 동전을 뚫을 수 없음을 보여 주어요.

2
"지금부터 펜을 통과시킬 거예요."

동전을 병 주둥이에 올려놓아요.

3
"펜을 정확히 떨어뜨리기 위해 대롱을 사용할게요."
"동전 가운데에 잘 맞춰 보겠습니다."

대롱을 병 주둥이에 씌우고 펜을 위에서 떨어뜨려요.

4
"멋지게 통과했죠?"
우아!

펜이 병 속으로 떨어지면, 대롱을 치우고 병 주둥이가 동전으로 막혀 있는 모습을 보여 주어요.

 준비물

- [ ] 투명한 병
- [ ] 동전 1개
- [ ] 흠이 나도 되는 플라스틱 볼펜
- [ ] 랩 심 또는 대롱처럼 만 종이

병에 따라 주둥이의 크기가 다르기 때문에 알맞은 크기의 동전을 사용해야 해.

마술비법 준비하기

1

랩 심이 없을 때에는 도화지나 복사 용지 여러 장을 병 주둥이에 씌울 수 있을 만큼 둥글린 다음 테이프로 붙여 대롱을 만들어요.

2

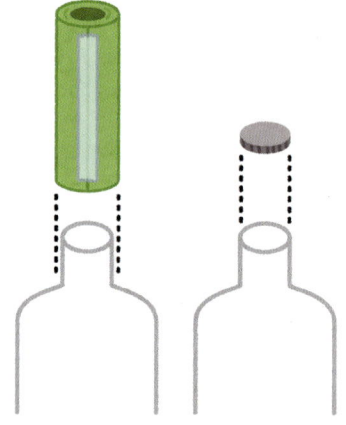

완성된 대롱이 병에 알맞게 씌워지는지, 동전이 병 주둥이에 맞는지 확인해 두어요.

포인트

병은 종류에 따라 주둥이 크기가 다른데, 병 주둥이 밖으로 삐져나오지 않는 크기라면 다른 동전으로도 실험해 볼 수 있어요.
펜을 떨어뜨릴 때는 대롱에 닿지 않게 주의하고 펜을 곧게 세워서 수직으로 떨어뜨려야 해요.

펜이 병 속에 떨어지면 바로 대롱을 치우고 동전이 그대로 놓여 있는 모습을 보여 주어야 해.

과학으로 마술비법 밝히기

운동과 힘의 마술 4장

사실 볼펜이 동전을 통과하는 게 아니라, 동전 옆의 빈틈으로 통과하는 거예요. 볼펜이 동전에 부딪히면 그 힘이 그대로 병에 전달되는데, 이때 우리 눈에는 보이지 않지만 병이 아주 살짝 쭈그러들었다가 원래대로 돌아가요. 그 움직임이 동전에도 그대로 전달되어 힘을 받은 동전이 순간적으로 세로로 세워진답니다. 그 옆의 빈틈으로 펜이 통과하는 거예요.

볼펜이 동전에 부딪힌다 → **동전 옆에 틈이 생겨 볼펜이 들어간다** → **동전이 원래 자리로 돌아간다**

볼펜이 동전에 부딪히면서 받는 충격이 병에 고스란히 전달되어 순간 병이 쭈그러든다.

쭈그러든 병이 원래대로 돌아가면서 동전이 튕겨져 세워진다.

볼펜이 통과하면 동전이 원래대로 돌아간다.

난이도 ★★☆☆☆
시간 5분

구멍을 막지 않아도
새어 나오던 물이 멈춘다!

구멍에서 물이 새다가 멈춘다!
마법의 페트병

딱!

물이 멈췄어!

96

★ 따라 해 보세요!

1

> 이 병에는 구멍이 나 있어요. 보세요! 물이 새어 나오죠? 제가 병을 떨어뜨리면, 더 이상 물이 새어 나오지 않는답니다.

구멍을 막고 있던 손가락을 떼어 물이 새어 나오는 모습을 보여 주어요.

2

> 그럼 병을 떨어뜨려 볼게요. 잘 보세요!

병을 들어 올려서 떨어뜨릴 준비를 해요.

3

> 병이 놀랐나 봐요. 물이 흐르다가 순간적으로 멈추죠?

높은 곳에서 병을 떨어뜨려서, 물이 더 이상 새지 않음을 보여 주어요.

준비물

- [ ] 500㎖ 페트병 1개
- [ ] 물
- [ ] 압정
- [ ] 송곳

> 물의 모습이 눈에 잘 보이게끔 물감을 탔단다. 물감 섞은 물이 바닥에 떨어져도 괜찮은 곳에서 마술을 하는 게 좋아.

주의!

- 송곳으로 구멍을 뚫을 때 손을 다치지 않게 주의해요.
- 물에 물감을 섞을 때는 식물에 물감이 튀지 않도록 하고, 땅에 물이 스며들지 않도록 시트를 깔아 두어요.

마술비법 준비하기

1

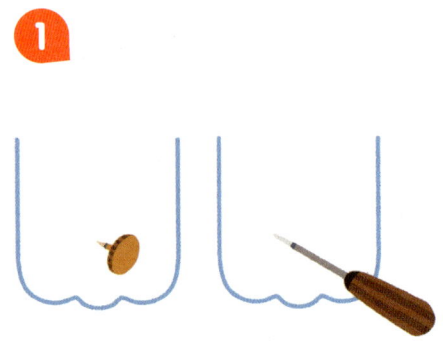

페트병 바닥에서 2㎝ 정도의 높이에 압정을 꽂아 구멍을 낸 뒤, 송곳으로 구멍의 크기를 키워요. 구멍의 지름은 3㎜ 정도가 좋아요.

2

페트병 뚜껑에도 압정을 꽂아 구멍을 낸 뒤, 송곳으로 구멍의 크기를 키워요.

3

물이 새지 않도록 구멍을 손가락으로 막은 다음 물을 담고, 뚜껑을 꽉 닫아요.

> 송곳으로도 구멍을 뚫을 수 있지만 병이 미끄러워서 압정으로 먼저 작은 구멍을 뚫어 두는 거야.

포인트

가장 중요한 것은 페트병을 수직으로 떨어뜨리는 거예요. 손목이 움직이지 않아야 수직으로 떨어뜨릴 수 있으므로, 두 손가락으로 페트병의 목 부분을 집어서 떨어뜨려요.

과학으로 마술비법 밝히기

아래에서 작용하는 힘(중력)은 페트병 속의 물을 끌어당겨요. 하지만 물이 페트병 속에 갇혀 있기 때문에 아래로 쏟아지지 않지요. 물은 아래로 떨어지려는 힘을 가지고 있는데, 그 힘의 크기가 바로 '무게'예요. 무게는 페트병 안쪽에서 누르는 힘(압력)으로 작용하지요. 이 압력이 구멍 밖으로 물을 밀어내는 거예요.

손을 떼면 페트병은 아래로 떨어지는데, 병 속에 들어 있는 물도 페트병과 같은 빠르기로 떨어져요. 이때 물은 중력 때문에 무게가 없는 상태가 되지요. 무게가 없으면 페트병 안쪽의 압력도 없어지기 때문에 구멍 밖으로 새던 물이 뚝 멈추고 만답니다.

페트병을 들어 올릴 때

페트병 벽에는 병 안쪽에서 물이 누르는 힘(압력)이 작용한다.

물이 구멍에서 새어 나온다.

아하, 안쪽에서 압력이 작용해서 물을 밀어내는 거였어.

페트병을 떨어뜨렸을 때

페트병을 떨어뜨리면 물도 페트병과 같은 빠르기로 떨어지기 때문에, 물의 무게로 생겨난 압력이 작용하지 않는다.

몸이 붕 떠 있는 것 같아!

물

중력

물과 페트병이 같은 빠르기로 떨어져 새는 물이 멈춘다.

안쪽에서 누르는 힘이 없어져서 새던 물이 멈췄던 거구나.

더 알고 싶은 과학

중력이란 어떤 힘인가요?

물체는 왜 땅에 떨어질까요?

물체가 땅에 떨어지는 것은 지구가 물체를 끌어당기고 있기 때문이에요. 이 힘을 '중력'이라고 해요. 또 질량※이 있는 모든 물체는 서로 끌어당기는 힘을 가지는데, 이 힘을 '만유인력'이라고 하지요. 즉 지구가 물체를 끌어당길 때 물체도 지구를 끌어당겨요. 단 지구가 훨씬 더 무겁기 때문에 지구는 움직이지 않고 물체만 지구를 향해 움직이는 것처럼 보이는 거랍니다.

그럼 중력은 물체에 어떻게 작용할까요? 이것은 서로 끌어당기는 물체의 무게(정확히는 질량)와 운동 방법에 따라 바뀌어요. 그래서 같은 물체라도 느껴지는 무게(중량)는 장소에 따라 다르지요. 예를 들면, 지구 표면에서는 60kg인 물체가 달 표면에서는 약 10kg이 된답니다.

또 중력 때문에 떨어지는 물체는 '운동 에너지'라는 힘을 가져요. 운동 에너지는 떨어지는 물체의 속도가 빠를수록 커져요. '동전을 통과하는 마법의 펜'(92쪽 참고)의 마술은 이 원리를 이용했어요. 볼펜이 떨어지면서 생긴 운동 에너지 때문에 동전이 움직인 거지요.

※질량 : 물체를 움직이는 데 필요한 힘의 크기를 잰 양이에요. 질량이 큰 물체일수록 큰 힘이 필요하지요. 질량에 중력이 작용하여 무게(중량)를 잴 수 있지요.

중력은 지구가 물체를 끌어당기는 힘

높은 위치에서 모래 위에 쇠구슬을 떨어뜨리면?

떨어뜨리는 높이가 높을수록 땅과 가까워졌을 때의 속도가 빠르다.

속도가 빠르고 질량이 클수록 쇠구슬은 모래 속에 깊이 박힌다.

떨어지는 페트병 속은 우주 정거장 속과 같아요

　페트병이 떨어질 때, 페트병 속의 물도 페트병과 같은 방향과 같은 속도로 떨어져요. 그래서 무게가 없어진답니다. 이처럼 무게가 없는 상태를 '무중력 상태'라고 해요.

　'구멍에서 물이 새다가 멈춘다! 마법의 페트병'(96쪽 참고)은 무중력 상태를 이용한 마술이에요. 페트병과 페트병 속의 물이 함께 떨어지기 때문에 무게가 없는 무중력 상태가 되는데, 무중력 상태가 되면 페트병의 벽을 미는 물의 힘이 없어져서 물이 구멍 밖으로 새어 나오지 않고 멈추게 되지요.

　우주 정거장 속에서 사람과 물체가 떨어지지 않는 것도 무중력 상태이기 때문이에요. 우주 정거장은 지구 주변을 도는데, 이렇게 돌고 있는 물체에는 원심력이라는 가상의 힘이 작용한답니다. 이러한 원심력이 중력과 균형을 이루어 중력이 없어지기 때문에 '무게'가 없는 것과 같은 무중력 상태가 되지요.

떨어지는 상자 속

상자와 그 속의 구슬은 같은 속도로 떨어진다.

우주 정거장 속

원심력 (가상의 힘)

중력

움직이는 방향

원심력이 중력과 균형을 이루므로 사람은 떨어지지 않는다.

> 떨어지는 상자 속에서 구슬은 무게가 없어진단다. 이 상태를 무중력 상태라고 하지.

공중에서 멈추는 마법의 풍선

풍선이 둥둥 떠 있어.
바람의 방향을 바꾸어도 안 떨어져!

위로!
두둥실!

우아!

따라 해 보세요!

운동과 힘의 마술 **4**장

1

마법의 풍선을 헤어드라이어로 공중에 뜨게 해 볼 거예요.

헤어드라이어를 풍선 바로 아래쪽에 둔 다음 전원을 켜서 찬바람이 나오게 해요. 그런 다음 풍선에서 손을 떼세요.

2

아래에서 부는 바람 덕분에 풍선이 떠 있어요.

풍선 아래에서 헤어드라이어의 바람을 계속 보내요.

3

그런데 바람의 방향을 기울이면 어떻게 될까요? 떨어질 것 같죠?

헤어드라이어를 비스듬하게 기울여요.

4

아, 풍선은 안 떨어졌군요. 방향을 바꾸어도 마법의 풍선은 떨어지지 않아요.

헤어드라이어를 여러 방향으로 바꿔도 보고, 사람들의 머리 위로 풍선을 날려도 보아요.

준비물
- 고무풍선
- 헤어드라이어

마술비법 준비하기

풍선 바로 밑에 드라이어를 가져다 댄다.

헤어드라이어를 조금 기울인다.

풍선이 바람을 제대로 맞으면 조금씩 회전하거나 미세하게 떠는 것처럼 보여요. 이때 헤어드라이어의 방향을 기울이면 되어요.

고무풍선을 부풀려서 주둥이를 묶어 두어요. 너무 빵빵하게 불지 않는 게 좋아요.

응용놀이 — 알루미늄 구슬을 공중에 날리자!

1

주름 빨대의 짧은 쪽 끝을 약 2cm 길이로 6~8군데 가위로 자른 다음 벌려요.

2

알루미늄 포일을 가로세로 약 10cm로 자른 뒤 가볍게 뭉쳐서 구슬 모양을 만들어요.

3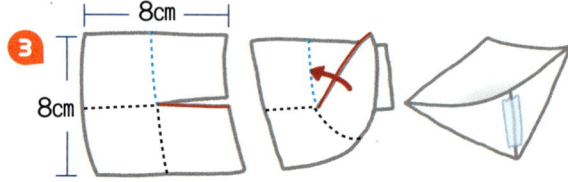

가로세로 8cm로 자른 종이를 두 번 접었다 펼쳐요. 그림과 같이 가위로 자른 뒤, 빨간 실선을 파란 점선에 맞추고 뒤쪽을 테이프로 고정해요.

4

3의 종이 한가운데에 빨대를 꽂을 수 있을 만큼 구멍을 뚫어요. **1**에서 만든 주름 빨대를 꽂고 테이프로 고정해요. 숨을 불어넣으면 알루미늄 포일로 만든 구슬이 공중에 풍선처럼 떠요.

완성!

과학으로 마술비법 밝히기

풍선에 닿은 바람은 풍선 전체를 감싸듯 흘러요. 이때 공기가 계속 흐르고 있는 상태라면 풍선은 조금씩 원래대로 돌아가려고 힘을 쓴답니다.

공기가 빨리 흐르는 곳에서는 누르는 힘이 약하게 작용해요. 그래서 빨리 흐르는 공기와 느리게 흐르는 공기 사이에 있는 물체는 공기가 빨리 흐르는 쪽으로 가지요.

풍선이 바람의 중심에 있을 때, 양쪽을 흐르는 공기의 속도가 같기 때문에 양쪽에서는 같은 힘이 작용해요. 그러나 풍선이 기울어지면 공기의 속도는 한쪽이 빨라지고 다른 한쪽은 느려져요. 결국 공기가 빨리 흐르는 쪽으로 풍선을 미는 힘이 작용하게 되지요. 그러나 바람의 방향이 조금 바뀌어도 공기에 둘러싸여 있는 상태라면 빠져나가기 어려워요. 그래서 풍선이 공중에 머무르는 거랍니다.

풍선이 바람의 중심에 있을 때

양쪽은 같은 속도로 흐른다

공기의 흐름 속도가 같아서 양쪽에서 누르는 힘은 같아요.

풍선이 바람의 중심에서 기울어졌을 때

양쪽의 흐름 속도가 변한다

느리게 흐르는 쪽에서 빠른 쪽으로 누르는 힘이 작용해요.

공기가 빨리 흐른다

공기가 느리게 흐른다

풍선은 공기가 빨리 흐르는 쪽으로 밀리는구나.

난이도 ★★☆☆☆

시간 10분

힘차게 떨어지는 풍선

명령하면
떨어지는 속도가 바뀐다!

동시에 떨어져라!

굉장해!

준비물

- ☐ 쟁반 1개 또는 두께 약 1cm의 고무풍선보다 조금 큰 판자
- ☐ 고무풍선 1개
- ☐ 방석 1개

마술비법 준비하기

풍선을 쟁반 폭의 80% 정도 크기만큼 불어 놓아요.

운동과 힘의 마술 **4**장

따라 해 보세요!

1

> 쟁반과 고무풍선을 동시에 떨어뜨리면 어느 쪽이 먼저 떨어지는지 같이 시험해 보아요.

> 시작!

풍선을 떨어뜨릴 사람에게 동시에 손을 떼도록 신호를 주고 방석 위에 쟁반을 떨어뜨려요.

2
> 쟁반이 더 빨리 떨어졌군요. 하지만 저는 쟁반과 고무풍선을 같은 속도로 떨어뜨릴 수 있어요.

쟁반이 풍선보다 빨리 떨어지는 모습을 보여 주어요.

3

> 동시에 떨어져라, 얍!

> 같이 떨어졌네!

명령을 한 뒤, 쟁반 중심에 풍선을 놓고 꾹 누르면서 방석 위에 떨어뜨려요.

포인트
쟁반과 풍선을 꼭 붙여서 떨어뜨려요. 쟁반 위에 놓인 풍선을 약간 찌그러질 정도로 가볍게 누른 뒤 손을 떼요.

 과학으로 마술비법 밝히기

물체는 떨어질 때 자신을 방해하는 공기를 누르면서 떨어지는데, 가벼운 물체일수록 공기의 방해를 많이 받아 떨어지는 속도가 느려요. 가벼운 풍선은 공기의 방해를 많이 받지만, 보다 무거운 쟁반을 아래에 두면 풍선을 방해하는 공기의 영향이 줄어들기 때문에 동시에 떨어질 수 있지요.

공기가 방해를 한다.

방해를 하는 공기를 쟁반이 누른다.

더 알고 싶은 과학

유체의 움직임과 공기 저항

유체의 움직임에 작용하는 힘

공기와 물과 같은 유체(55쪽 참고)는 전체가 늘 같은 속도로 흐르지 않아요. 부분적으로 빨리 흐르는 곳도 있고 느리게 흐르는 곳도 있지요. 빠르게 흐르는 곳에서는 압력(54쪽 참고)이 낮아지고 느리게 흐르는 곳에서는 압력이 높아진답니다.

'공중에서 멈추는 마법의 풍선'(102쪽 참고)의 마술을 떠올려 보세요. 헤어드라이어 바람을 비스듬히 보냈을 때 풍선 옆을 통과하는 공기는 한쪽은 빠르게 흘러가고 다른 한쪽은 느리게 흘러가요. 풍선은 공기가 빠르게 흘러가는(압력이 낮은) 쪽으로 끌려가기 때문에 그림처럼 중앙으로 되돌아온답니다. 그래서 풍선이 공중에 머물러 있지요.

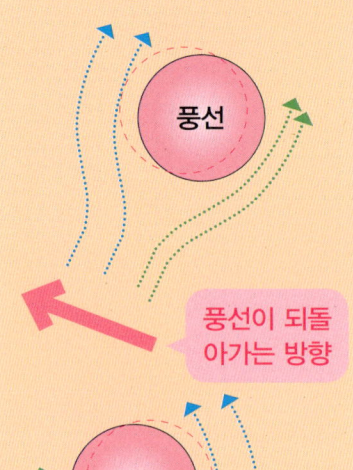

빠르게 흐를 때 → 압력이 낮다
느리게 흐를 때 → 압력이 높다

풍선이 되돌아가는 방향

공기가 빨리 흐르는 쪽으로 되돌아 가니까 공중에 머물러 있구나.

실험해 보자 — 풍선 사이에 숨을 불어넣어 보자!

풍선 2개를 부풀린 다음 끈으로 묶어 봉에 매달아요. 두 풍선 사이에 숨을 불어넣으면 풍선이 달라붙지요. 숨을 불어넣으면 풍선 사이에 빠른 공기가 흘러서 공기의 압력이 낮아지기 때문이에요.

2개의 풍선을 봉에 매단다.

풍선 사이에 숨을 불어넣는다.

2개의 풍선 사이는 15cm 정도로 벌리는 게 좋단다.

공기 저항은 무엇일까요?

물체는 유체 속을 나아갈 때 유체를 밀면서 나아가요. 이때 물체는 유체로부터 누르는 힘(압력)을 받게 되어요. 그 압력을 견뎌 내려고 물체가 사용한 힘 때문에 앞으로 나아가려는 힘이 약해져서 속도가 떨어진답니다. 예를 들면 자전거를 타고 달릴 때 속도를 내면 몸에 닿는 바람이 세져서 앞으로 나아가기가 힘들어져요. 이것은 자전거와 페달을 밟는 사람(물체)이 공기(유체) 속을 나아갈 때 공기를 밀어붙이려고 그만큼 앞으로 나아갈 힘(에너지)을 쓰기 때문이에요. 이것을 '공기 저항'이라고 하지요. 물체가 떨어질 때도 마찬가지로 공기 저항을 받아요.

공기 저항은 물체의 면적이 크거나 넓을수록 커져요. 면적이 같을 때는 가벼울수록 공기 저항을 더 많이 받지요. '힘차게 떨어지는 풍선'(106쪽 참고)의 마술을 떠올려 보세요. 쟁반보다 가벼운 풍선은 공기 저항을 많이 받기 때문에 나란히 떨어뜨리면 쟁반보다 나중에 떨어져요. 하지만 공기가 없는 장소(진공 상태)에서는 떨어지는 속도가 무게와 상관없기 때문에 쟁반과 풍선이 동시에 떨어지지요.

스피드 스케이팅 선수가 반들반들하고 몸에 딱 맞는 옷을 입는 것은 공기 저항을 덜 받아서 속도가 떨어지지 않도록 하기 위해서랍니다.

공기 저항이 있으면 떨어지는 속도가 변한다

무거운 것 　 가벼운 것

공기 저항

가벼운 물체가 아직 안 떨어졌어.

진공 속에서는 물체가 무겁든 가볍든 떨어지는 속도가 같다

무거운 것 　 가벼운 것

공기가 없는 장소에서는 공기 저항이 없기 때문에 가벼운 것과 무거운 것을 같이 떨어뜨리면 동시에 떨어진단다. 1971년, 달 탐사선 아폴로15호의 스콧 선장이 공기가 없는 달 표면에서 망치와 새의 깃털을 동시에 떨어뜨려서 이를 증명했지.

난이도 ★★★☆☆
시간 20분

같은 봉에 나란히 매달린 진자인데…

명령하면 움직이는 신기한 진자

내가 흔들고 싶은 진자만 움직이게 할 수 있어?

어떻게 된 거지?

파란색만 흔들리네!

110

운동과 힘의 마술 **4**장

⭐ 따라 해 보세요!

상대방에게 진자 하나를 고르게 한 뒤 봉을 앞뒤로 흔들어요.

진자의 움직임이 멈추면, 다른 진자를 흔들어요.

마지막으로 남은 진자를 흔들어요.

차례대로 모든 진자를 움직여요.

111

★ 준비물

- ☐ 추가 될 만한 것 3개
- ☐ 가는 연실
- ☐ 길이 약 50㎝의 봉
- ☐ 가위
- ☐ 테이프

추에 장식을 달거나 색깔에 변화를 주면 구별하기 쉽단다.

★ 마술비법 준비하기

1

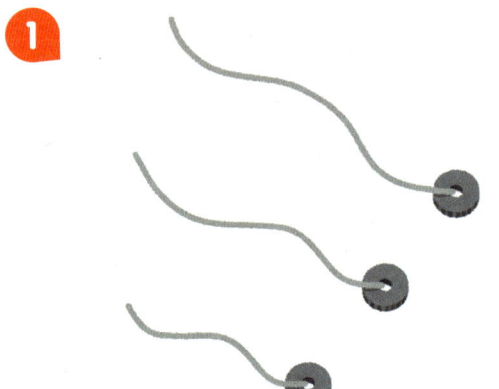

길이 약 15㎝, 30㎝, 60㎝로 자른 연실에 추를 달아서 진자를 만들어요.

2

1에서 만든 진자를 똑같은 간격으로 봉에 매달아 테이프로 고정해요.

 포인트

길이가 가장 짧은 진자를 움직일 때는 손목만 사용하고, 가장 긴 진자를 움직일 때는 양쪽 다리에 번갈아 체중을 실으며 느긋하게 몸 전체를 사용해요. 중간 길이의 진자는 체중을 조금만 좌우로 이동하면서 봉을 움직여요. 만약 다른 진자가 따라 흔들릴 때는 "진자가 방황하고 있군요. 파란 진자야, 힘내!"라고 말하며 상황을 재치 있게 넘기세요.

손과 몸을 사용하고 있다는 것을 상대방이 모르게끔 진자 움직이는 연습을 미리 해 두렴.

과학으로 마술비법 밝히기

진자가 한 번 왕복하는 데 걸리는 시간은 추의 무게가 아니라 진자의 길이로 결정되어요. 진자의 길이가 길수록 한 번 왕복하는 데 걸리는 시간은 길지요. 이 시간을 '주기'라고 하는데, 진자의 주기에 맞추어 힘을 줄 때 진자가 가장 잘 흔들려요.

'명령하면 움직이는 신기한 진자'(110쪽 참고) 마술을 떠올려 보세요. 세 진자의 길이가 달라서 흔들리는 주기가 각각 다르답니다. 각각의 진자 주기에 맞춰 손과 몸으로 봉을 흔들면 원하는 진자만 흔들 수 있지요. 그네를 탈 때 원래의 흔들림에 맞추어 발을 굴리면 크게 흔들리지만, 굴리는 리듬이 다르면 잘 흔들리지 않는 것과 같은 원리지요.

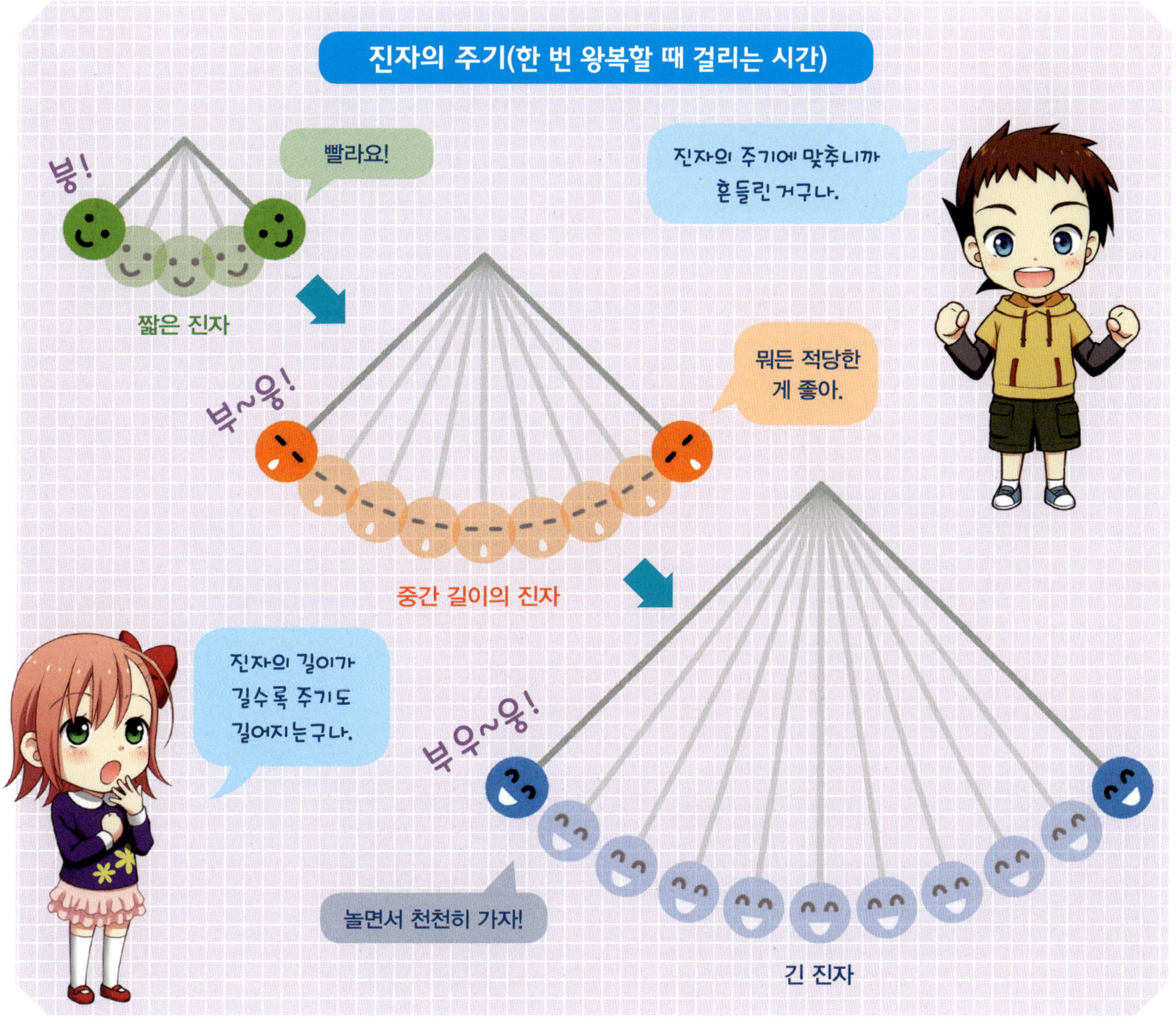

운동과 힘의 마술 **4장**

따라 해 보세요!

1

"이것은 빈 깡통이에요. 이 안에 지우개를 넣어서 빙글빙글 돌리면 신기한 일이 벌어진답니다. 함께 해 볼까요?"

지우개를 상대방에게 건넨 뒤, 각자 깡통 속에 지우개를 넣어요.

2

"깡통을 과감하게 빙글빙글 돌려 보세요."

빙글빙글 빙글빙글

깡통을 재빨리 여러 번 회전시켜요.

3

"다 돌렸으면 책상 위에 놓고 손을 떼세요."

"아, 움직였다! 당신 것은 움직이지 않네요. 아무래도 지우개가 당신을 마음에 들어 하지 않나 봐요."

책상 위에 놓고 손을 떼면, 상대방의 깡통은 그대로인데 내 것은 혼자서 빙글빙글 돌기 시작해요.

준비물

- [ ] 주둥이가 넓은 알루미늄 빈 깡통 2개
- [ ] 구멍을 뚫기 위한 송곳
- [ ] 고무 밴드 4개(굵은 고무 밴드의 경우 2개)
- [ ] 다 쓴 단4형 건전지 1개
- [ ] 두꺼운 종이
- [ ] 소리를 내기 위한 작은 지우개 2개
- [ ] 연실
- [ ] 테이프

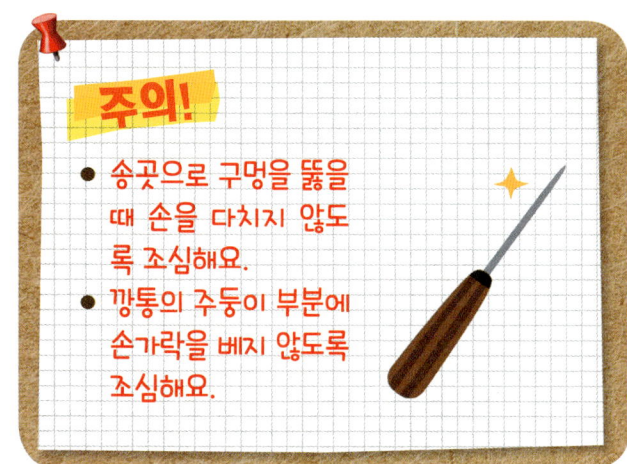

주의!
- 송곳으로 구멍을 뚫을 때 손을 다치지 않도록 조심해요.
- 깡통의 주둥이 부분에 손가락을 베지 않도록 조심해요.

마술비법 준비하기

1

고무 밴드 2개 겹친 것을 두 세트 준비해서 서로 이어요. 굵기가 굵은 고무 밴드는 겹치지 말고 2개를 이으면 되어요. 고무 밴드를 이었을 때 깡통의 높이와 같거나 약간 짧도록 고무 밴드의 길이를 조절해요.

2

고무 밴드의 이음새가 단4형 건전지의 중심에 오게끔 한 뒤, 단단히 테이프로 감아서 고무 밴드를 고정해요.

3

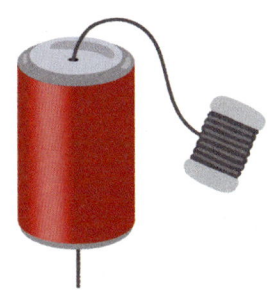

깡통 바닥에 송곳으로 구멍을 뚫고 연실을 통과시켜 입구로 빼놓아요. 이때 연실은 아직 자르지 않은 채 두어요.

4

깡통 입구로 뺀 연실 / 길이 15cm의 연실

❷의 고무 밴드 한쪽을 약 15cm 길이로 자른 연실과 연결하고, 다른 한쪽은 깡통 입구로 꺼낸 연실에 연결해요.

5

그림과 같이 ❷가 깡통 속에서 뜨도록 연실을 조정한다.

연결한 부분은 보이지 않게 숨긴다.

❹를 깡통 입구를 거쳐 깡통 안에 넣고 15cm 쪽의 연실을 깡통의 따개에 연결한 뒤 남은 실을 잘라요.

운동과 힘의 마술 4장

❻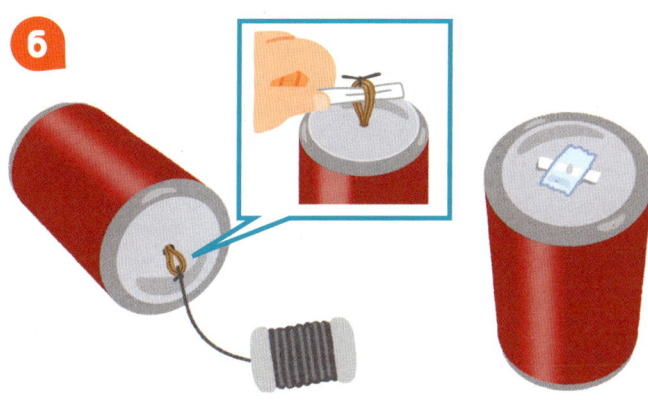

연실을 잡아당겨서 고무 밴드 끝을 조금 꺼내요. 적당한 크기로 접은 두꺼운 종이를 고무 밴드 사이에 넣은 뒤 여분의 연실을 자르고 테이프를 붙여요. 테이프는 한 번 썼던 것을 사용하면 마술비법을 자연스럽게 감출 수 있어요.

마술비법을 준비했다면 깡통을 돌려서 책상 위에서 움직이는지 시험해 봐.

포인트

상대방에게는 마술비법을 쓰지 않은 쪽의 깡통을 건네요. 그리고 함께 지우개를 넣고 힘차게 깡통을 돌린 뒤에는 얼른 책상 위에 두고 재빨리 손을 떼요.

 과학으로 마술비법 밝히기

고무는 꼬이면 원래대로 되돌아가려는 힘이 작용해요. 이 고무의 힘이 건전지를 빙글빙글 돌게 하지요. '콩알만 한 지우개로 움직이는 빈 깡통'(114쪽 참고) 마술에서 무거운 건전지는 움직이기 어렵지만 가벼운 깡통은 움직이기 쉬우므로 건전지보다 깡통 쪽이 더 잘 돈답니다.

깡통을 세워 놓았을 때
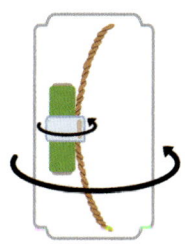 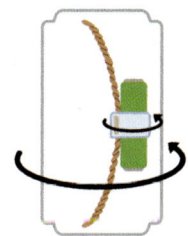

고무의 되돌아가려는 힘 때문에 건전지는 조금 돈다.

깡통은 힘차게 빙글빙글 돈다.

깡통을 눕혀서 놓았을 때
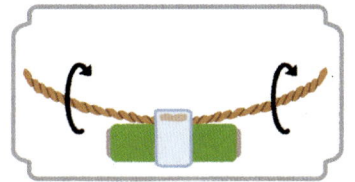

고무의 되돌아가려는 힘이 똑같이 작용하지만 건전지는 매달린 채 움직이지 않는다.

깡통은 회전하면서 앞으로 나아간다.

가벼운 물체는 작은 힘으로 움직이게 할 수 있지만, 무거운 물체를 움직이려면 큰 힘이 필요하단다.

더 알고 싶은 과학

무게와 관성 그리고 진자의 주기

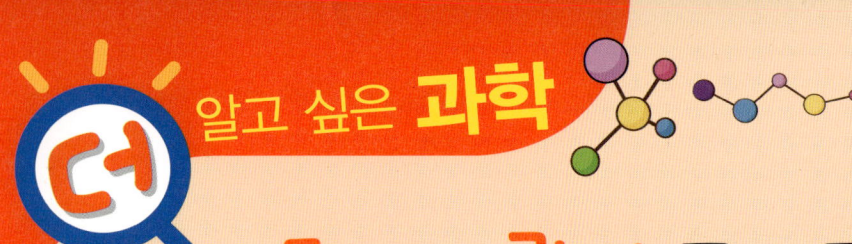

무거운 것은 움직이기 어려워요

멈춰 있는 물체는 계속 멈춰 있으려 하고 움직이던 물체는 계속 움직이려는 성질이 있어요. 이러한 성질을 '관성'이라고 해요. 예를 들어, 자동차가 급정거했을 때 몸이 앞으로 기울어지는 것은 몸이 계속 움직이려고 하기 때문이지요.

멈춰 있는 물체를 움직이게 할 때에도 힘이 필요하며 물체가 무거울수록 큰 힘이 들어가요. '콩알만 한 지우개로 움직이는 빈 깡통'(114쪽 참고)의 마술에서는 깡통 속에 든 건전지가 깡통보다 무겁기 때문에 상대적으로 가벼운 깡통이 고무의 힘을 받아 빙글빙글 돌았답니다.

진자의 주기는 길이가 결정해요

진자의 주기는 진자의 길이로 결정되어요. 진자의 길이가 같으면 추의 무게나 진폭을 바꿔도 한 번 왕복하는 시간은 바뀌지 않아요. 반대로 추의 무게가 같아도 진자의 길이가 다르면 주기도 바뀌지요. 진자의 주기에 맞추어 힘을 주면 진자는 훨씬 잘 흔들린답니다. '명령하면 움직이는 신기한 진자'(110쪽 참고)의 마술에서는 이 성질을 이용해서 움직이고 싶은 진자만을 움직였어요. 각 진자의 주기에 맞춰서 봉에 힘을 주었기 때문이지요.

무거운 것은 힘을 많이 줄 때 움직이고, 가벼운 것은 힘을 적게 줘도 움직인다

넌 가벼워서 나 혼자서도 충분히 움직일 수 있어!

윽, 무거워. 더 많은 힘이 필요해.

길이가 다를 때

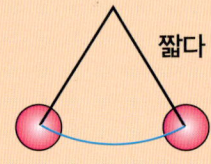
짧다
주기가 짧다

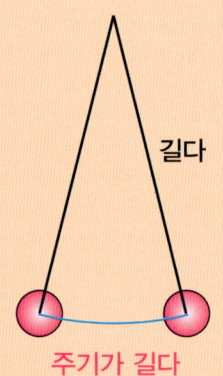
길다
주기가 길다

추의 무게가 다를 때

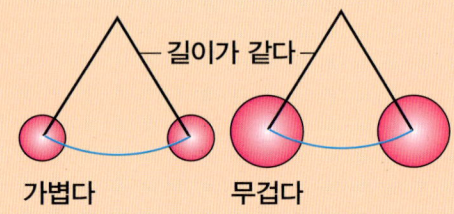
길이가 같다
가볍다 　 무겁다
주기가 같다

진폭이 다를 때

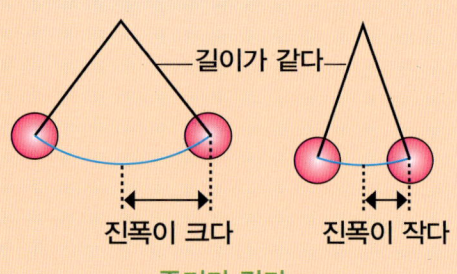
길이가 같다
진폭이 크다 　 진폭이 작다
주기가 같다

5장
물질이 지닌 성질의 마술

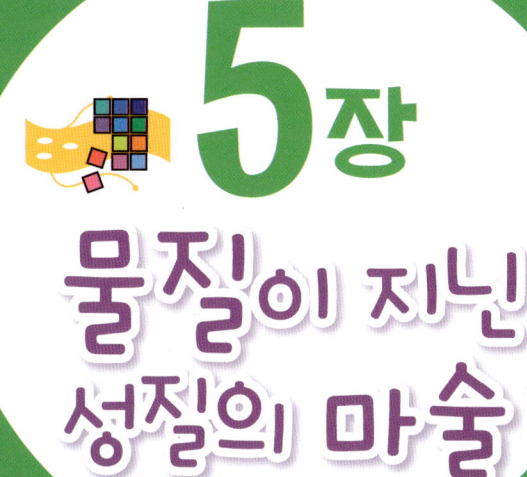

따라 해 보세요!

물질이 지닌 성질의 마술 **5**장

1
"색연필로 풍선을 찌르면……."
"터져서 물이 새지요?"

잘 깎은 색연필 끝으로 풍선을 찔러서 터지는 풍선의 모습을 보여 주어요.

2 "이번에는 물이 빵빵하게 들어 있는 마법의 봉지를 색연필로 찔러 보겠습니다. 가만히 앉아 계세요."

물이 들어 있는 마법의 봉지를 비옷을 입은 사람의 머리 위에 올려요.

3 "물이 쏟아져도 화내지 마세요! 그럼 과감히 찔러 볼게요!"

4 "보세요. 물이 하나도 새지 않았어요!"

색연필로 마법의 봉지 가운데를 찔러요.

남은 색연필을 차례로 찔러 보아요.

준비물

- 비닐봉지(노트보다 조금 작은 것)
- 고무풍선
- 색연필 약 10자루 정도
- 물
- 비옷
- 장화
- 양동이(물을 넣은 고무풍선이나 비닐봉지를 넣어둘 곳)

비닐봉지에 구멍이 나지 않았는지 확인해 두렴.

마술비법 준비하기

1
끝이 뾰족하게끔 색연필을 깎아 두어요.

2
비닐봉지가 빵빵해질 만큼 물을 담아 묶어 두어요.

3
고무풍선에도 물을 넣어서 주둥이를 묶고, ❷와 함께 양동이에 넣어 두어요.

4
물이 들어 있는 고무풍선을 터뜨렸을 때, 발이 젖을 수 있으니 장화를 신어요. 마술을 도와줄 사람은 비옷을 입게 해요.

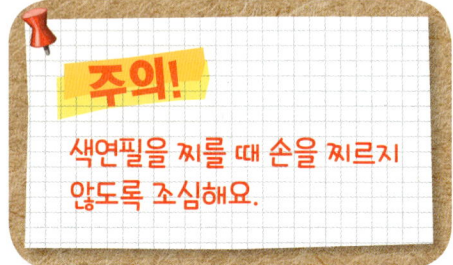

주의! 색연필을 찌를 때 손을 찌르지 않도록 조심해요.

포인트

비닐봉지 속에 공기가 있으면 연필을 찌르기 힘들어요. 그래서 가능한 한 물을 가득 넣어 빵빵하게 만든 뒤 입구를 잘 묶어야 해요. 비닐봉지를 빵빵하게 묶기 어렵다면, 봉지를 빙글빙글 돌려서 입구를 비튼 뒤 묶으세요. 색연필을 하나 찌른 뒤에는 재빨리 다른 색연필을 차례대로 찔러야 물이 새지 않아요.

물질이 지닌 성질의 마술 5장

과학으로 마술비법 밝히기

고무는 잡아당기면 원래대로 되돌아가려는 성질이 있어요. 고무풍선에 물을 넣어 부풀리면 고무막이 늘어나면서 잡아당기는 힘이 작용해요. 구멍을 뚫으면 이 잡아당기는 힘을 따라 고무 전체가 당겨지게 되어서 구멍이 커져요. 그래서 고무풍선이 '펑' 하고 터져 버리지요.

하지만 물을 담은 비닐봉지는 달라요. 색연필을 찔러도 비닐의 당기는 힘이 약하기 때문에 구멍이 커지지 않지요. 오히려 비닐이 조금 늘어나면서 구멍이 작아지기 때문에, 구멍에 들어간 색연필을 단단히 죄게 되어요. 그래서 구멍은 색연필로 막힌 상태가 되고 물은 새지 않는답니다.

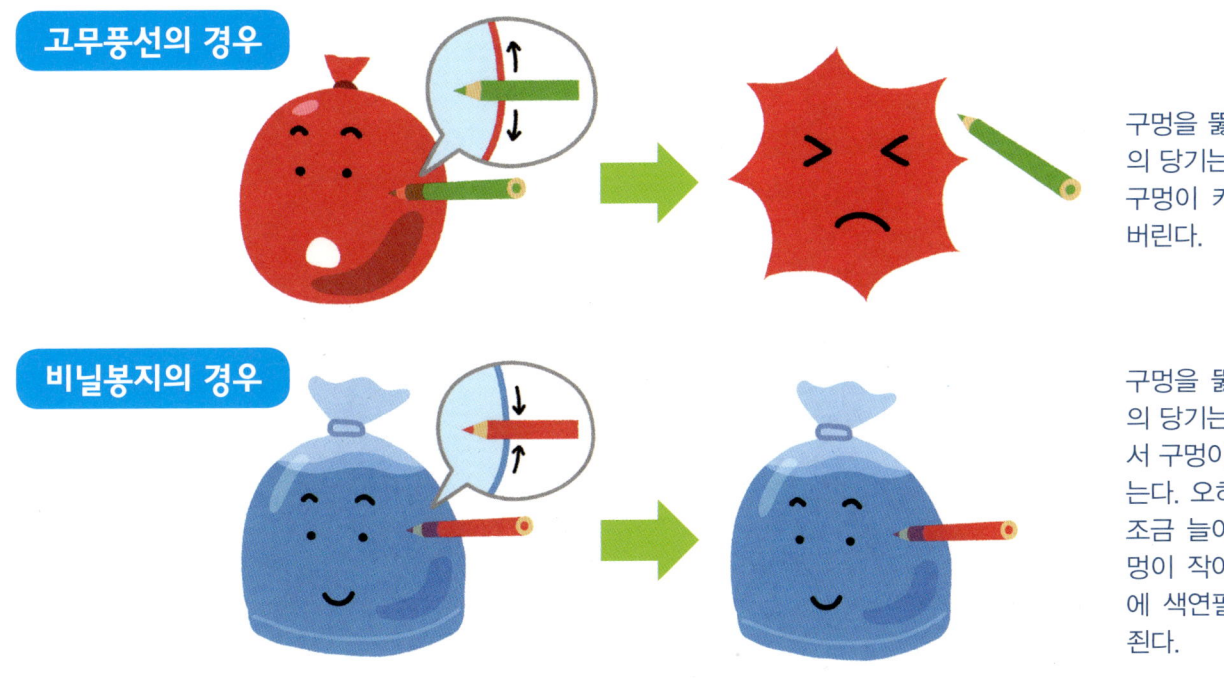

고무풍선의 경우
구멍을 뚫으면, 고무의 당기는 힘 때문에 구멍이 커져서 터져 버린다.

비닐봉지의 경우
구멍을 뚫어도 비닐의 당기는 힘이 약해서 구멍이 커지지 않는다. 오히려 비닐이 조금 늘어나면서 구멍이 작아지기 때문에 색연필을 단단히 죈다.

터지지 않는 풍선을 만들자!

부풀린 고무풍선에 테이프를 붙이고 압정을 꽂으면 어떻게 될까요? 신기하게도 고무풍선이 터지지 않는답니다. 고무가 줄어들어 구멍이 커지는 것을 테이프가 막아 주기 때문이지요.

정말이네! '펑' 하고 터지지 않아.

난이도 ★★☆☆☆
시간 10분

꿈틀꿈틀 셀로판지

셀로판지로 만든 물체가 혼자서 움직인다!

앗! 어떻게 된 거지?

꿈틀꿈틀

물질이 지닌 성질의 마술 5장

따라 해 보세요!

1 마음에 드는 것을 골라서 불에 구워 먹어 볼까요? 골라 보세요.

이거랑… 이것!

셀로판지로 만든 동물 중에 마음에 드는 것을 골라 불 위에 놓게 해요.

2 오징어가 움직였죠? 불을 세게 해서 문어도 조금 더 구워 볼게요.

어? 움직였다!

앗, 뜨거워!
이대로 잡아먹힐 수는 없지!
앗, 문어가 도망가네!

셀로판 동물이 움직이는 모습을 보여 주어요.

125

준비물

- 셀로판지
- 가위
- 보온병
- 얇은 종이(복사 용지)
- 테이프
- 뚜껑 없는 빈 상자나 골판지(보온병보다 약 3~5㎝ 높은 것)
- 칼
- 뜨거운 물

마술비법 준비하기

1

셀로판지를 동물 모양으로 잘라요. 눈 스티커를 붙여서 꾸며도 좋아요.

2
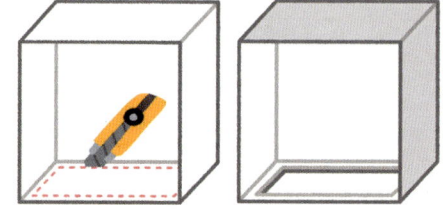
상자의 한쪽 면을 칼로 잘라 내요. 골판지를 상자 모양으로 만들어서 써도 되어요.

상대방에게 보이는 상자의 옆면에 그림을 그리거나 색지를 붙이면 한층 더 분위기가 나겠지!

3
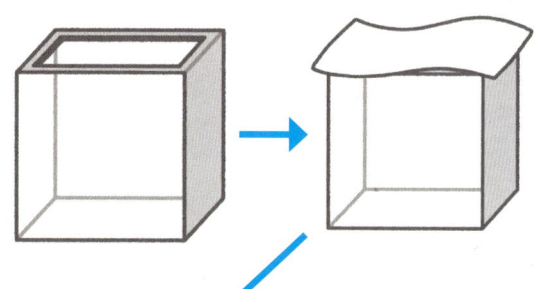

❷에서 잘라 낸 면을 위쪽으로 두고, 얇은 종이를 덮은 뒤, 느슨해지지 않게끔 테이프로 고정해요.

4

보온병에 뜨거운 물을 붓고, 뚜껑을 닫아 두어요.

주의!
- 칼에 손을 베이지 않도록 주의해요.
- 뜨거운 물을 보온병에 담을 때는 어른의 도움을 받고, 화상을 입지 않도록 주의해요.

물질이 지닌 성질의 마술 5장

포인트

사실 셀로판지가 움직이는 것은 보온병에서 나오는 수증기 때문이에요. 마술에 성공하려면 미리 보온병 뚜껑을 열어 두면 안 돼요. 뜨거운 물이 식거든요. 마술을 시작하기 바로 전에 열어서 움직이고 싶은 셀로판지의 바로 아래에 놓아두세요. 셀로판지가 더욱 잘 움직일 거예요.

수증기에 닿으면 구불구불해지는 셀로판지의 성질을 이용하여 다른 마술 놀이를 해 볼 수도 있어요. 고무공으로 문어 머리를 만들고, 다리만 셀로판지로 만들어 보세요. 머리는 가만히 있고 다리만 움직이는 문어의 재미난 모습을 볼 수 있어요.

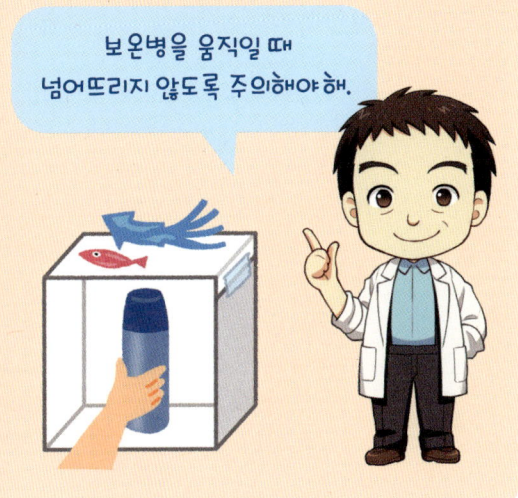

보온병을 움직일 때 넘어뜨리지 않도록 주의해야 해.

과학으로 마술비법 밝히기

셀로판지는 수분에 닿은 부분만 늘어나요. '꿈틀꿈틀 셀로판지'(124쪽 참고) 마술에서 셀로판지로 만든 동물이 꿈틀꿈틀한 것은 보온병에서 나오는 수증기가 종이를 통해 셀로판지의 뒷면에 닿아서 셀로판지가 늘어났기 때문이에요. 셀로판지를 뒤집으면 이번에는 반대 면이 늘어나면서 마치 살아 있는 것처럼 꿈틀꿈틀 움직이지요.

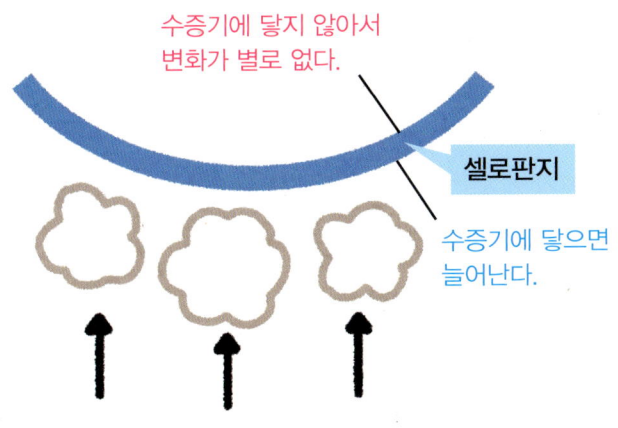

수증기에 닿지 않아서 변화가 별로 없다.

셀로판지

수증기에 닿으면 늘어난다.

응용놀이

셀로판지를 갖고 놀자!

셀로판지로 만든 동물을 올려놓을 무대를 만들지 않고도 비슷한 마술 놀이를 해 볼 수 있답니다. 머그컵에 뜨거운 물을 붓고 얇은 손수건으로 덮은 뒤, 고무 밴드로 고정하는 거예요. 간단하죠?

수증기에 닿은 면이 늘어나는구나!

물질의 성질과 분자

작은 알갱이로 이루어진 '물질'

우리 주위에 있는 물질을 잘게 쪼개면, 마지막에는 더 이상 쪼개지지 않는 작은 알갱이가 되어요. 물질의 성질을 잃어버리지 않은 이 작은 알갱이를 '분자'라고 해요. 즉 우리 주변에 있는 물질은 분자로 이루어져 있고, 분자는 가장 작은 원자가 합쳐져서 생긴 거예요.

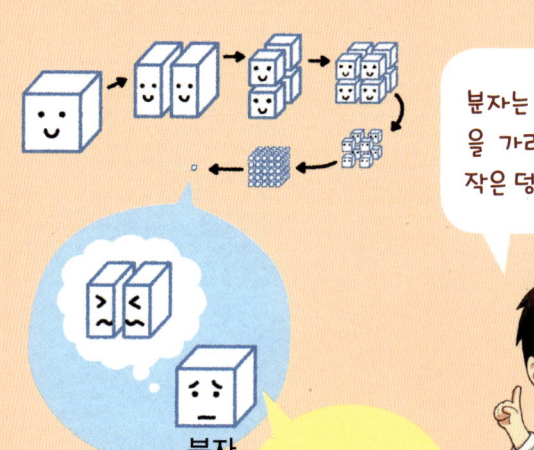

분자는 물질의 성질을 가리키는 가장 작은 덩어리란다.

이보다 더 작아지면 내가 아니게 돼.

물질의 종류가 많은 이유

우리 주변의 물질은 많은 분자가 모여서 만들어져요. 분자는 원자가 합쳐진 것으로, 어떤 원자가 몇 개 합쳐졌느냐에 따라 분자의 종류가 달라져요.

여러 가지 분자가 다양한 비율과 결합 방식으로 합쳐지면서 물질을 만들기 때문에 물질의 종류가 많은 거랍니다.

다양한 분자를 만드는 원자

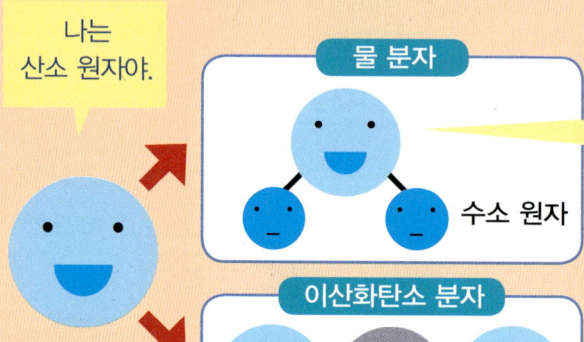

나는 산소 원자야.

나 1개에 수소 원자 2개가 붙으면 물이 된단다.

나 2개에 탄소 원자 1개가 붙으면 이산화탄소가 돼.

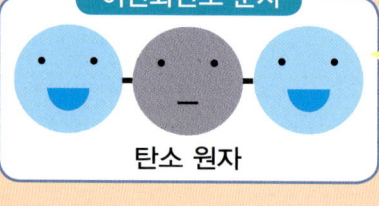

분자는 여러 원자가 조합해서 만들어진단다.

원자 조합이 다르니까 물질의 성질도 달라진다는 거네.

원자가 많이 연결된 분자

물과 이산화탄소처럼 몇 개의 원자가 모여 이루어진 분자도 있지만, 수천수만 개의 원자가 모여서 만들어지는 분자도 있어요. 이렇게 굉장히 많은 원자가 연결된 분자를 '고분자'라고 해요. 고분자로 만들어진 물질은 주위에서 많이 볼 수 있어요. 밥과 감자에 들어 있는 녹말가루, 얇고 가벼운 나일론, 폴리에스테르 등의 합성섬유, 우리 몸을 이루는 단백질, 식용유 같은 기름, 플라스틱, 고무, 비닐 등이 고분자로 이루어져 있어요.

고분자로 이루어진 물질은 분자의 종류나 연결 방식에 따라 성질이 크게 변해요. 예를 들어, 끌어당겼을 때 제자리로 돌아가려는 힘의 크기, 물을 품고 있는 정도, 열에 견디는 정도 등이 달라지지요.

'물이 새지 않는 마법의 봉지'(120쪽 참고)는 서로 다른 물질의 성질을 이용한 마술이에요. 물질의 성질이 달라서 색연필로 찔렀을 때 고무풍선은 터졌지만 비닐봉지는 찢어지지 않았지요. '꿈틀꿈틀 셀로판지'(124쪽 참고)의 마술은 수분에 닿으면 늘어나는 셀로판지의 성질을 이용했어요. 셀로판지처럼 어떤 고분자 물질은 분자가 그물눈처럼 이어지는데, 그 그물눈의 틈에 물 분자가 들어가서 부푼답니다. 그래서 셀로판지가 수증기에 닿은 쪽은 잘 늘어나고 반대쪽은 변화가 별로 없었던 거예요. 이상한 움직임을 반복하는 건 이런 이유에서랍니다.

고분자의 구조

고분자는 원자들이 많이 연결되어 있다.

셀로판지가 늘어나는 원리

셀로판지의 분자는 그물눈 상태이다.

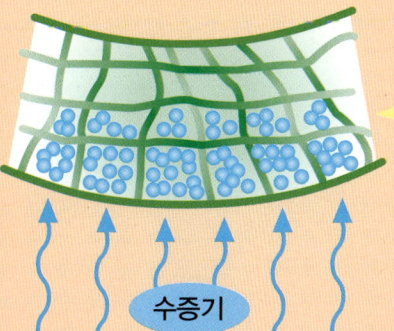

수증기가 닿으면 그물눈 속에 물 분자가 들어가서 부푼다.

난이도 ★☆☆☆☆
시간 5분

건드리면 헤엄치는 참깨

참깨가 물 위를 미끄러지듯 움직인다!

슝~

무슨 원리지?

물질이 지닌 성질의 마술 5장

⭐ 따라 해 보세요!

1 이 참깨는 보통 참깨가 아닙니다. 제가 명령하면 헤엄을 치거든요. 우선 물 위에 참깨를 띄워 보겠습니다.

물을 담은 접시에 참깨를 흩뿌리듯 놓아요.

2 물에 슬쩍 손을 대어 보세요. 어? 헤엄치지 않는군요.

물에 손을 대게 해서 참깨가 움직이지 않는 모습을 보여 주어요.

3 그럼 제가 해 볼게요. 슬쩍 손을 대었을 뿐인데 참깨가 헤엄칠 겁니다. 헤엄쳐라, 참깨!

집게손가락으로 물을 살짝 만져요.

얍!

앗, 헤엄친다!

준비물

- [ ] 납작한 접시 1장
- [ ] 참깨 또는 후추 1작은 스푼
- [ ] 참깨를 놓을 종이
- [ ] 중성 세제
- [ ] 물

> 장난감 장식품도 좋겠다!

> 잘게 자른 스펀지뿐 아니라 가볍고 물에 뜨는 것이라면 뭐든지 가능하단다.

마술비법 준비하기

1

접시에 물을 담아요. 참깨를 쉽게 띄우기 위해서 수면에 물결이 일지 않게 하는 것이 중요해요.

2
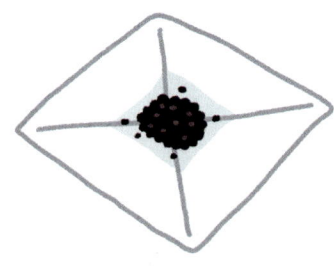

두 번 접어서 펼친 종이 위에 참깨를 꺼내 두어요.

3

마술 시작하기 바로 전에 집게손가락 끝에 중성 세제 한 방울을 묻혀 두어요.

> 손가락에 묻힌 세제가 옷이나 종이에 묻어나지 않도록 주의하렴.

포인트

손가락 끝에 세제가 묻어 있는 것을 들키면 안 돼요. 물에 손을 댈 때 외에는 세제가 묻어나지 않도록 주의하면서 움직여요.

참깨를 물 위에 뿌릴 때는 고르게 퍼지도록 흩뿌려요. 참깨는 너무 오랜 시간 물 위에 떠 있으면 물이 스며들어 가라앉기 때문에 참깨를 뿌린 뒤에는 재빨리 마술을 진행하세요.

과학으로 마술비법 밝히기

물과 같은 액체는 표면의 면적을 가능한 한 작게 하려고 서로 끌어당기는 성질이 있어요. 그런데 세제나 비누는 서로 끌어당기는 힘을 약하게 만든답니다. 세제를 물에 찍으면, 세제에 닿은 부분의 물은 끌어당기는 힘이 약해져서 접시 위로 퍼지게 되어요. 물 위에 떠 있는 참깨가 물을 따라 움직이기 때문에 헤엄치는 것처럼 보이지요.

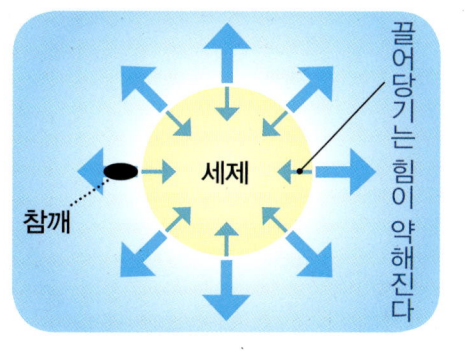

위에서 본 그림

세제가 물에 닿은 부분은 끌어당기는 힘이 약해지는구나.

옆에서 본 그림

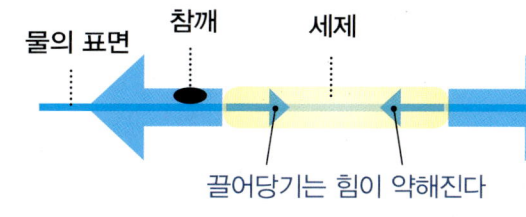

세제로 움직이는 장난감을 만들자!

얇은 스티로폼 용기나 알루미늄 포일을 잘라 배를 만들어요. 배 뒷면에 중성 세제를 묻힌 뒤, 물을 가득 담은 넓적한 그릇에 띄워 보세요. 스르륵 움직이는 배의 모습을 관찰할 수 있답니다. 그러나 세제가 금방 물 전체에 퍼져서 곧 배가 멈출 거예요. 그럴 때에는 물을 교환해야 해요.

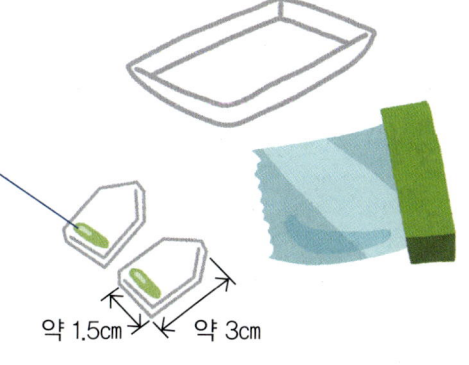

수면에 띄울 배의 뒷면에 중성 세제를 묻힌다.

약 1.5cm 약 3cm

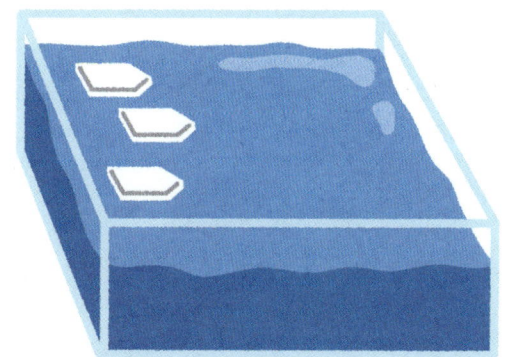

난이도 ★★☆☆☆
시간 10분
동영상 ⑤

손으로 붙잡을 수 있는 신기한 액체

흐물흐물한 액체가 굳는다고?

와, 신기해!

134

물질이 지닌 성질의 마술 5장

⭐ 따라 해 보세요!

1
"이것은 아주 신기한 액체예요. 주문을 걸고 손으로 몇 번 굴리기만 해도 변신하거든요."

액체가 들어 있는 컵을 보여 주어요.

2
"내가 손을 움직일 때는 굳어져라! 손을 멈출 때는 다시 액체로 돌아와라!"

컵 속에 나무젓가락을 넣어 휘저으면서 주문을 걸어요.

3
"액체를 손으로 뭉쳐 보세요. 주문을 걸었으니까 뭉쳐질 거예요."

굳었다!

컵에서 내용물을 꺼내 플라스틱판 위에 올려놓고 함께 손으로 뭉쳐요.

4
"그 상태로 손을 움직이지 마세요! 이제 원래의 액체로 되돌아갑니다."

다시 액체가 됐어!

손을 움직이지 못하게 해서 액체로 돌아오게 해요.

준비물

- 녹말가루(작은 플라스틱 컵의 반 정도)
- 작은 플라스틱 컵 2개
- 플라스틱판 또는 쟁반
- 나무젓가락
- 물
- 물수건

물수건을 준비해서 바로 쓸 수 있게 해 두렴. 마술을 끝낸 뒤, 손에 묻은 녹말가루를 닦을 수 있도록 말이야.

마술비법 준비하기

1

녹말가루를 컵의 반만큼 되게끔 부어요. 다른 컵에는 물을 1/4 정도 넣어요.

2

녹말가루에 물을 조금씩 넣으면서 잘 섞어요. 나무젓가락을 넣었을 때, 걸쭉하게 흐를 정도가 되어야 해요.

포인트

녹말가루와 물의 비율이 2:1이 되게끔 조절하는 게 좋아요. 녹말가루에 따라 필요한 물의 양이 다르니, 처음부터 물을 몽땅 붓지 말고 조금씩 넣고 저어 주세요. 녹말가루를 굳힐 때에는 손을 가능한 한 빨리 움직여서 뭉치되, 움직임을 멈추지 마세요.

새알심을 빚는 느낌으로 손을 빨리 움직여 보렴!

물질이 지닌 성질의 마술 5장

 ## 과학으로 마술비법 밝히기

녹말가루는 감자나 고구마를 갈아서 가라앉힌 앙금을 말린 가루예요. 녹말가루는 물에 잘 녹지는 않지만 알갱이가 너무 작아서 물과 서로 섞이면 액체처럼 보이지요.

알갱이의 크기가 가지런한 녹말가루를 물과 섞은 뒤 힘을 강하게 주면, 힘을 받은 부분의 알갱이가 눌려서 물이 밖으로 밀려 나와요. 물이 빠져나온 녹말가루는 알갱이 사이가 좁아져서 서로 달라붙지요. 그래서 점성이 강한 덩어리가 된답니다. 갑자기 힘을 주었을 때 순간적으로 굳은 것처럼 느껴진 것은 이런 이유에서예요. 힘을 풀면 물이 알갱이 사이로 되돌아가서 원래의 흐물흐물한 상태로 돌아가지요.

물에 섞은 녹말가루는 알갱이와 알갱이 사이에 물이 있다. 그래서 알갱이가 자유롭게 움직일 수 있으며 액체처럼 보인다.

힘을 주면 알갱이 사이의 물이 빠져나온다.

물이 빠져나오면 알갱이와 알갱이 사이가 좁아지고 서로 달라붙어 고체처럼 보인다.

 응용놀이

나무젓가락으로 신기한 액체를 들어 올려 보자!

물에 섞은 녹말가루를 나무젓가락의 굵은 쪽으로 재빨리 저어요.

나무젓가락을 컵 안으로 푹 찔러서 힘차게 위로 들어 올리면 컵째 따라 올라와요. 천천히 들어 올리면 잘 안 되니 주의하세요.

녹말가루를 물에 섞은 뒤에 힘을 주면 굳어진단다. 그래서 나무젓가락을 찔러도 빠지지 않고 따라 올라오는 거야.

알고 싶은 과학

서로 끌어당기는 분자의 힘

표면장력이란 뭘까요?

물질에는 고체, 액체, 기체의 세 가지 상태가 있어요(150쪽 참고). 기체 상태에서 분자(128쪽 참고)는 뿔뿔이 흩어져 있어서 서로 끌어당길 수 없지만, 액체 상태에서의 분자는 사방팔방으로 서로를 끌어당겨요. 그런데 표면에 있는 분자는 바깥쪽에서 끌어당기는 힘이 없어서 그만큼의 힘이 안쪽으로 향한답니다. 그 힘은 표면의 넓이(표면적)를 가능한 한 작게 하려는 힘으로, '표면장력'이라고 해요.

물방울이 둥근 것도 표면장력이 작용하여 표면의 물을 잡아당겨 좁히고 있기 때문이에요.

표면의 분자와 안쪽의 분자가 당기는 힘

물방울은 표면적을 가능한 한 작게 하려고 한다

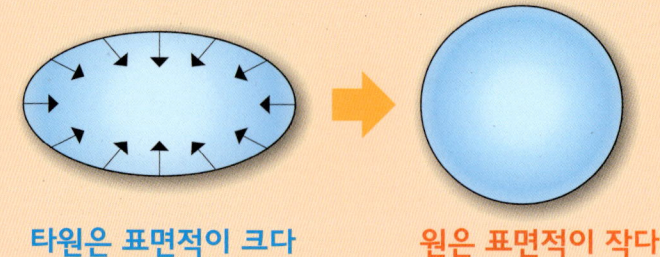

표면장력 때문에 물방울이 둥글다

타원은 표면적이 크다 → 원은 표면적이 작다

공처럼 둥근 모양(구형)의 물질은 부피가 같은 다른 모양의 물질보다 표면적이 작다. 표면에 있는 물의 분자는 표면적을 작게 하려는 성질이 있어서 물방울이 둥글어진다.

공기와 만나는 표면의 분자는 위쪽에서 끌어당기지 않는구나.

안쪽으로 당겨지는 힘이 표면의 분자에 작용해서 표면적을 작게 하려고 한단다. 그래서 물방울이 둥글어지는 거야.

세제와 표면장력

부엌용 세제나 세탁 세제와 같은 비누에는 계면 활성제라는 성분이 들어 있어요. 이 성분은 물의 표면장력을 약하게 만들어요. 기름때를 없애기 어려운 이유는 물의 표면장력이 기름보다 커서 물이 기름때와 빨래 사이에 들어가기 힘들어서예요.

세제를 물에 풀면 세제는 기름때의 표면에 달라붙어요. 그리고 기름때에 접하는 물의 표면장력을 작게 해서 물이 기름때와 빨래 사이에 쉽게 스며들 수 있게 도와주지요. 스며든 물은 빨래에서 기름때를 제거하고 물속으로 나온답니다.

'건드리면 헤엄치는 참깨'(130쪽 참고)는 이 원리를 이용한 마술이에요. 세제 때문에 표면장력이 약해진 물이 움직이자 참깨가 움직이는 것처럼 보였지요.

힘을 주면 고체처럼 돼요

녹말가루처럼 물에 녹지 않는 일정한 크기의 작은 알갱이가 물과 섞여 있을 때, 힘을 갑자기 주면, 단단하게 고체처럼 변해요. 이 신기한 성질을 '다일레이턴시(체적 팽창)'라고 해요.

녹말가루를 물에 섞으면 알갱이가 부드럽게 움직일 수 있어요. 그러나 힘을 갑자기 주면 알갱이 사이가 좁아져서 알갱이 사이에 있는 물을 밀어낸답니다. 그러면 알갱이끼리 달라붙어서 고체처럼 되지요. 이 성질을 이용한 것이 '손으로 붙잡을 수 있는 신기한 액체'(134쪽 참고)의 마술이에요.

세제가 때를 벗기는 원리

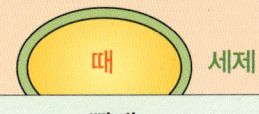

세제가 때의 표면에 달라붙는다.

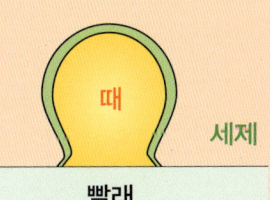

표면장력이 약해진 물이 빨래와 때 사이에 들어가기 쉽다.

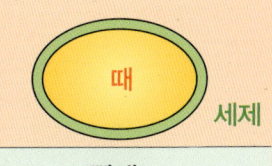

빨래와 때 사이에 들어간 물이 때를 벗긴다.

다일레이턴시

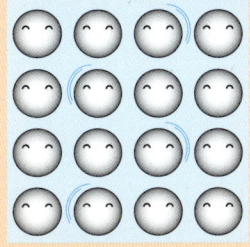 

사이에 물이 들어가서 알갱이가 떠 있는 상태이다.

알갱이 사이가 좁아져서 틈 속의 물이 밀려 나와 고체처럼 된다.

고체처럼 보이는 것은 알갱이끼리 꽉 달라붙었기 때문이야. 힘을 주다가 멈추면 다시 흐물흐물해진단다.

얼음 조각 하나로 물이 순식간에 얼어 버린다!

한순간에 얼어 버리는 마법의 물

한순간에 꽁꽁 얼었어—!

얼음을 한 조각 넣으면…….

앗!

물질이 지닌 성질의 마술 5장

따라 해 보세요!

1 이것은 평범한 보리차예요. 같이 마셔 볼까요?

냉동실에서 꺼낸 페트병의 뚜껑을 열어요.

와, 어떻게 된 거지?

2 마시기 전에 마법의 얼음을 보리차에 떨어뜨릴 거예요. 신기한 일이 벌어질 테니 잘 보세요!

얼음 조각을 하나 넣어요.

3 자, 보리차가 얼고 있어요. 보이세요?

페트병 속의 변화를 보여 주어요.

4 제가 넣은 것은 마법의 얼음 조각 하나뿐이에요. 특별한 약을 사용하지도 않았어요. 그래서 이대로 마실 수도 있답니다.

병 속의 물이 얼었어!

건배!

컵에 부은 차를 마시며 보통의 보리차와 다름없다는 것을 보여 주어요.

141

준비물

- [ ] 보리차 또는 물
- [ ] 500㎖ 페트병 1개
- [ ] 포장용 완충제 또는 수건이나 신문지
- [ ] 페트병 주둥이에 들어갈 크기의 얼음 조각
- [ ] 찻물을 붓거나 얼음 조각을 넣어 둘 컵
- [ ] 영하 10℃까지 측정 가능한 막대 모양의 온도계

포장용 완충제는 택배 상자 같은 데 들어 있는 에어캡 비닐 시트를 말해.

포장용 완충제

마술비법 준비하기

1
페트병에 보리차나 물을 담은 뒤 뚜껑을 닫아요. 이때 뚜껑은 꽉 닫지 않아요.

2
포장용 완충제로 페트병을 싸서 냉동실에 넣어 두어요. 이렇게 하면 페트병 속의 물이 천천히 차가워지지요. 온도 조절이 가능한 경우는 영하 5℃가 되게끔 조절해요.

3
2~3시간 정도 차갑게 한 뒤, 살며시 꺼내서 온도계로 액체 온도를 재요. 영하 3~4℃가 되었다면 마술할 곳에 놓아두어요.

액체를 넣은 페트병을 여러 개 준비하여 차갑게 만드는 방법을 달리하면 더 재밌어. 냉동실에 넣는 시간을 조금씩 달리하거나 감싸는 재료를 바꾸기도 해 봐.

혹시 실패할지도 모르니까 여러 개 준비해 두면 안심이 되겠다.

물질이 지닌 성질의 마술 5장

 **포인트**

액체 속에 찻잎 같은 것이 들어 있으면 냉동실에서 얼어 버릴 수도 있어요. 마술을 하기 전에 찻잎은 미리 빼 두세요. 또 차가워진 액체는 강한 충격을 주면 얼어 버리므로 냉동실에서 꺼낼 때나 뚜껑을 열 때에 부딪히거나 흔들지 않도록 조심해요.

뚜껑은 살짝 열어 두렴.

 ## 과학으로 마술비법 밝히기

물은 0℃에서 얼어요. 그러나 서서히 차갑게 만들면, 영하 4℃에서도 얼지 않고 물 상태 그대로 유지될 때가 있답니다.

이러한 물은 약간의 충격만 받아도 금세 얼어 버리지요. 그래서 얼음을 떨어뜨리면 순식간에 얼기 시작한답니다.

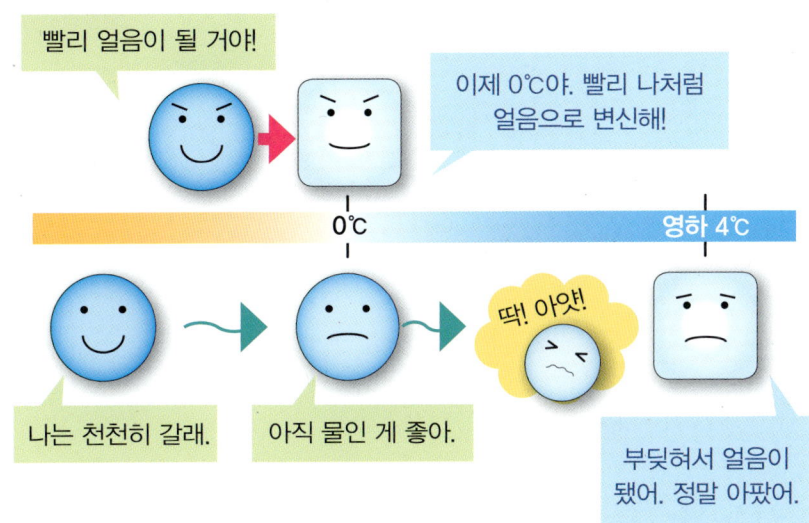

 **응용놀이**

셔벗(얼음과자)을 만들자!

보리차나 물처럼 주스(탄산음료 제외)를 차갑게 만들어요. 단 꽁꽁 얼리지는 마세요. 차가워진 페트병 가운데를 망치로 치면 한순간에 주스가 얼어서 셔벗이 만들어진답니다.

맛있겠다!

143

물질이 지닌 성질의 마술 **5**장

따라 해 보세요!

1

작은 씨앗이 한 알 있어요. 이것을 물에 떨어뜨리면 신기한 일이 일어난답니다. 그럼 넣어 볼게요.

씨앗을 그릇 한가운데에 떨어뜨려요.

2

조금씩 물의 변화가 나타나고 있어요. 보이시나요?

물이 거의 다 얼었어요. 하지만 이 얼음은 차갑지도 않고 녹지도 않아요. 일어날 수 없는 일이죠? 이게 바로 작은 씨앗이 가진 마법의 힘이에요!

꽁꽁 얼어붙었어.

15분 정도 지나면 점차 변화가 일어나요. 물이 거의 다 언 것처럼 보일 때, 바닥을 만져 보게 하세요. 차갑지 않아서 깜짝 놀랄 거예요.

145

준비물

- [ ] 하이포 50g
  (염소 제거제로 애완 용품점에서 구입 가능)
- [ ] 가로세로 약 10~12cm로 입구가 넓고, 투명한 내열 그릇 1개
- [ ] 내열 그릇을 넣을 수 있는 크기의 냄비
- [ ] 냄비 손잡이
- [ ] 뜨거운 물이 들어 있는 보온병
- [ ] 내열 그릇보다 크고 검은 종이
- [ ] 티스푼
- [ ] 하이포 한 알을 놓아둘 작은 접시

하이포

뜨거운 물과 뜨거워진 냄비, 수증기에 화상을 입지 않도록 주의해요. 어른에게 도움을 요청해도 좋아요.

마술비법 준비하기

1

내열 그릇에 하이포 50g을 넣고, 물 2티스푼을 넣어요. 나중에 쓸 하이포는 한 알 따로 놓아두어요.

2

1의 내열 그릇을 냄비 속에 넣고, 냄비에 보온병의 뜨거운 물을 부으세요. 물이 식는 것을 막기 위해 하이포가 전부 녹을 때까지 약한 불로 데워요.

3

하이포가 녹으면 불을 끄고 냄비 손잡이를 이용하여 내열 그릇을 꺼내요. 먼지가 앉지 않도록 조심하면서 온도가 약 20℃가 될 때까지 식혀요.

4

마술을 할 장소에 검은 종이를 깔아요. 그 위에 **3**의 내열 그릇과 하이포 한 알이 놓인 작은 접시를 놓아두어요.

5장 물질이 지닌 성질의 마술

 **포인트**

하이포에 물을 많이 넣으면 변하는 모습을 쉽게 관찰할 수 없어요. 미리 실험을 하여 적당한 물의 양을 알아 두세요. 또 녹인 하이포 액체를 20℃ 정도로 식히는 것이 몹시 중요해요. 냄비에서 내열 그릇을 꺼낸 뒤 5~10분이 지나면, 그릇 위에 손을 쬐어 따뜻한 정도를 확인하세요. 공기가 따뜻하지 않으면 그릇에 살짝 손을 대 보세요. 그릇에서 따뜻함이 느껴지지 않았을 때가 적당한 온도랍니다.

20℃까지 식으면 약간의 자극만 줘도 굳을 수 있으니까 조심하렴.

 ## 과학으로 마술비법 밝히기

'녹지 않는 얼음을 만드는 작은 씨앗'(144쪽 참고)은 '한순간에 얼어 버리는 마법의 물'(140쪽 참고)과 원리가 같은 마술이에요. 물은 0℃에서 고체가 되지만, 하이포는 그보다도 높은 온도인 약 50℃에서 고체가 되어요. 그러나 어떠한 자극도 주지 않고 천천히 식히면 50℃ 이상에서도 액체 상태 그대로 굳지 않는답니다. 하지만 이 상태는 몹시 불안정해서 하이포 한 알만 넣어도 고체로 변하지요.

아세트산나트륨이라는 약품도 하이포처럼 높은 온도일 때 고체 상태가 되어요. 아세트산나트륨에 물을 넣고 가열해서 녹인 뒤 자극을 주지 않고 식혀 보세요. 그 속에 '씨앗'이 될 아세트산나트륨을 몇 알 넣으면, 몇 초 사이에 고체로 바뀌지요.

아세트산나트륨도 하이포처럼 한순간에 얼어 버리는구나!

아세트산나트륨이 고체가 되는 모습

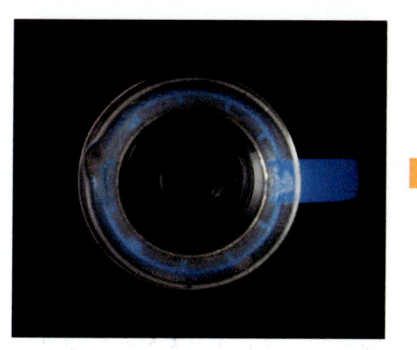 → 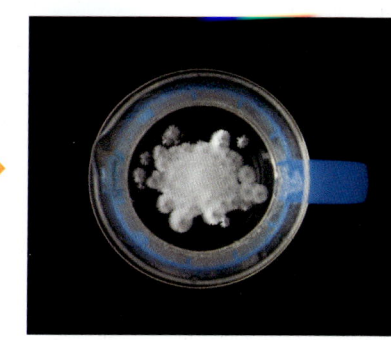 →

난이도 ★★★☆☆
시간 20분

얼음을 낚는 마법의 가루

가루를 뿌렸을 뿐인데 얼음이 연실에 달라붙었어!

진짜 매달렸어!

준비물

- 사각 얼음
- 연실
- 소금
- 종이 또는 접시
- 스티로폼 접시 1장

잎사귀로 얼음을 꾸미면 예쁘단다.

마술비법 준비하기

1
연실을 길이 30cm로 몇 가닥 자르고, 한쪽 끝을 5mm 풀어 놓아요.

2
바로 쓸 수 있게 종이 위에 소금을 꺼내 놓아요.

물질이 지닌 성질의 마술 5장

따라 해 보세요!

1 안 달라붙어.

이것은 평범한 실이에요. 지금부터 이 실로 얼음을 낚을 거예요. 실 끝을 얼음에 붙여서 들어 올려 보세요.

연실을 건네어 실에 아무런 속임수가 없음을 보여 주어요.

2 잘 안 되죠? 하지만 마법의 가루를 뿌리면 얼음을 낚을 수 있답니다.

마법의 가루를 보여 주고, 실을 가져다 댄 얼음에 마법의 가루를 뿌려요.

3 낚았어요!

실을 끌어 올려 얼음이 매달린 모습을 보여 주어요.

4

마법의 가루만 있으면 두 개를 한꺼번에 들어 올릴 수도 있어요.

두 개의 얼음 위에 실을 늘어뜨린 뒤 마법의 가루를 각각 뿌려서 들어 올려요.

 포인트

얼음 표면이 약간 녹아 물이 생겼을 때 마술을 시작하세요. 먼저 실 끝을 얼음 위에 눕히듯 놓고, 소금을 두 손가락으로 살짝 집어 얼음 위에 뿌리세요. 그런 다음 약 30초 간 얼음을 건드리지 마세요.

 과학으로 마술비법 밝히기

얼음 표면에 생긴 물 때문에 소금이 녹아요. 소금은 물에 녹으면서 주변의 열을 빼앗아요. 그래서 얼음 표면에 있는 물이 다시 얼어 버리고, 실이 얼음에 달라붙게 되지요.

소금은 물에 녹을 때 주변의 열을 빼앗아요.

알고 싶은 과학

꽁꽁 언다는 게 어떤 걸까요?

물질은 변신해요

대부분의 물질은 온도나 압력이 바뀌면 그 모습이 바뀌어요. 물은 0℃ 이하에서는 고체 상태인 얼음, 0℃에서 100℃까지는 액체 상태인 물, 100℃ 이상에서는 기체 상태인 수증기가 되지요. 이처럼 물질의 상태는 '고체', '액체', '기체' 세 종류가 있답니다. 그리고 물질이 고체에서 액체, 액체에서 기체로 상태가 변하는 것을 '상태 변화'라고 해요.

변신의 열쇠는 바로 열(에너지)!

물질 속의 분자(128쪽 참고)는 열(에너지)을 갖고 있고 늘 미세하게 흔들려요. 열을 빼앗기면 그 움직임은 잔잔해지지요. 또 분자끼리는 서로 끌어당기는데 분자의 움직임이 잔잔해질수록 강하게 결합된답니다.

예를 들어, 물은 열을 빼앗기면 분자의 움직임이 잔잔해지는데 어느 한도(보통은 0℃)가 되면 분자가 서로 꽉 끌어당겨서 고체, 즉 얼음이 되어요. 이러한 현상을 가리켜 '언다.'라고 표현하지요.

물(액체)이 얼음(고체)이 되는 것은 열을 빼앗기기 때문이에요. 결국 상태 변화에는 열이 필요하지요.

물질을 뜨겁게 하거나 차갑게 하면 상태 변화가 일어난단다. 액체인 물이 기체인 수증기로 변했어도 온도만 조절하면 언제든지 원래의 상태인 액체로 돌아갈 수 있지.

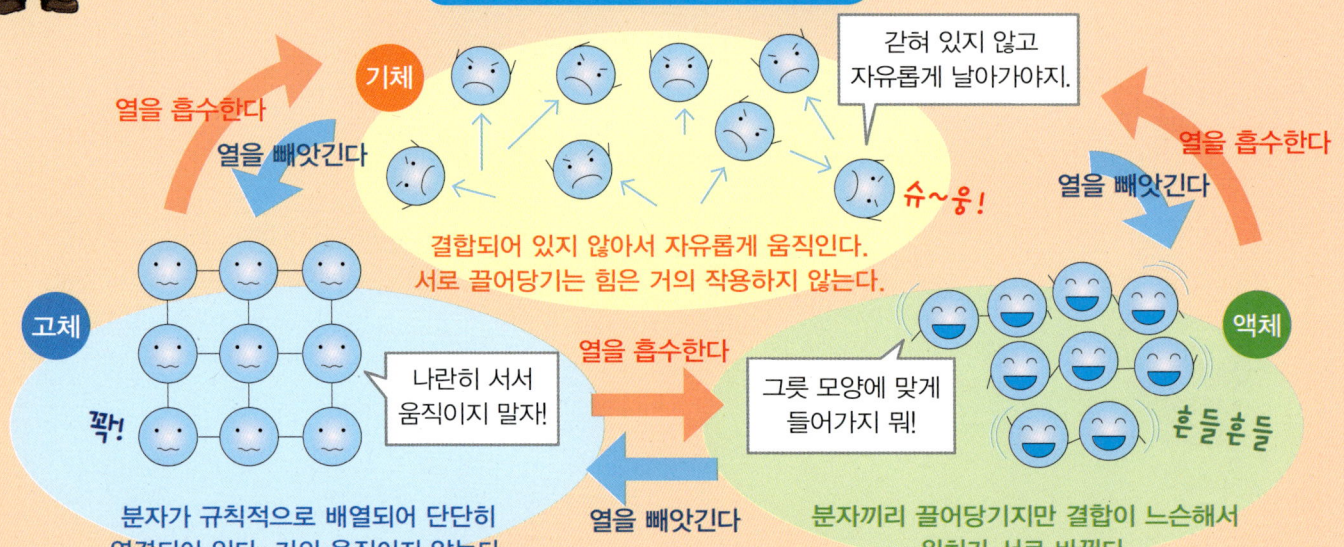

상태 변화와 분자의 결합

물을 서서히 차갑게 하면 어떻게 될까요?

차가운 물일수록 물 분자가 덜 움직여요. 심지어 0℃가 되면 분자끼리 끌어당기는 힘이 커져서 분자가 결합되지요. 이 상태가 '얼음'이랍니다. 이때 분자는 정해진 배열 방식으로 결합해요.

하지만 서서히 차가워진 물은 분자가 결합이 안 되어서 얼음이 되지 않아요. 이 상태를 '과냉각'이라고 해요. 과냉각은 아주 불안정한 상태라서 약간의 자극만 줘도 얼음이 된답니다. '한순간에 얼어 버리는 마법의 얼음'(140쪽 참고)에서는 병 속의 물이 과냉각 상태였기 때문에, 얼음 조각 하나만으로도 자극을 받아 얼었던 거예요.

분자가 규칙적으로 배열되어 있는 고체를 '결정'이라고 해. 우리가 마술에서 본 건 하이포의 결정이야.

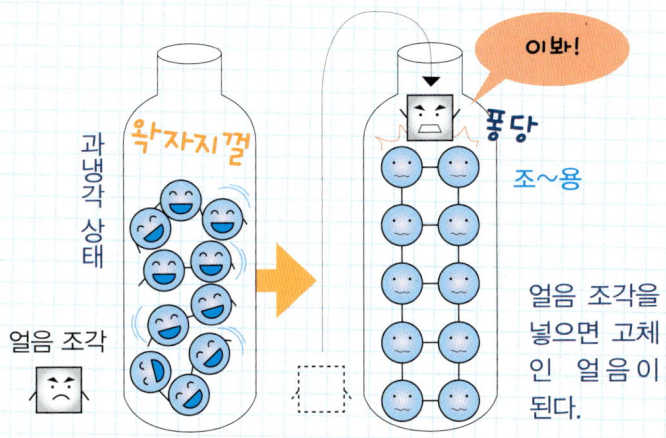

소금으로 얼리기

물질은 물에 녹을 때 열을 내거나 빼앗아요. 알코올은 물에 녹을 때 열을 내지만, 반대로 소금은 물에 녹을 때 주변에서 열을 빼앗지요. 이렇게 물질이 다른 물질에 녹을 때 생기는 열을 '용해열'이라고 해요.

'얼음을 낚는 마법의 가루'(148쪽 참고)에서는 녹기 시작한 얼음의 표면에 열을 빼앗는 소금을 뿌렸기 때문에, 다시 물이 얼 수 있었던 거예요.

과냉각 상태의 물질

'녹지 않는 얼음을 만드는 작은 씨앗'(144쪽 참고)에서는 하이포(티오황산나트륨)를 사용했어요.

물은 0℃에서 고체인 얼음이 되지만 하이포는 약 50℃에서 고체가 되어요. 결국 상온에서는 항상 고체이지요. 물론 가열하면 녹아서 액체가 된답니다. 서서히 차갑게 해서 과냉각 상태가 된 액체 하이포는 과냉각 상태의 물처럼 약간의 자극을 받으면 고체가 되기 시작해요.

용해열

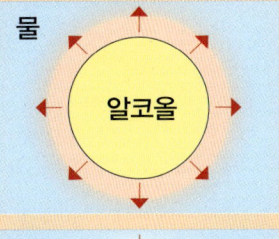

알코올은 녹을 때 열을 내므로 물의 온도가 올라간다.

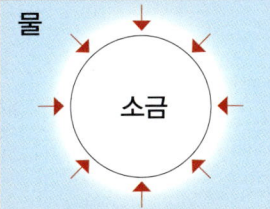

소금은 녹을 때 주변의 열을 빼앗으므로 물의 온도가 내려간다.

난이도 ★☆☆☆☆
시간 20분

색깔이 변하는 신기한 검정 잉크

검정 잉크가 알록달록해진다고?

안녕! 반가워!

안녕! 반가워!

스르륵~

이렇게 색이 변하는 거야?

152

물질이 지닌 성질의 마술 5장

따라 해 보세요!

1 이 펜이 무슨 색으로 보이나요? 검은색이라고요? 그럼 여러분이 검은색이라고 말한 이 펜으로 함께 글자를 써 보아요.

종이 끝에서 약 2~3cm의 위치에 간단한 글자를 쓰거나 그림을 그려요.

2 물의 힘을 넣어서 색이 변하도록 마법을 걸어 볼게요. 숨어 있는 색아, 나와라!

종이를 향해 마법을 걸어요.

3 물에 함께 적셔 보아요. 색이 변하도록 마법을 걸어 볼게요. 숨어 있는 색아, 나와라!

대나무 꽂이에 클립으로 종이를 꽂고, 물에 살짝 적셔요.

4 아, 색이 나왔어요. 조금만 기다리면 색이 더 많이 보일 거예요.

검정 잉크가 다양한 색의 띠로 변할 때까지 기다려요.

5 검정 잉크가 알록달록해졌어요!

검정 잉크가 알록달록한 띠로 변하면, 어떤 색이 숨어 있는지 함께 살펴보아요.

153

준비물

- [ ] 검정 수성 펜 1개
- [ ] 검정 유성 펜 1개
- [ ] 압지 또는 한지
- [ ] 1.5ℓ 페트병 2개
- [ ] 칼
- [ ] 가위
- [ ] 종이를 꽂을 클립
- [ ] 대나무 꽂이 2개
- [ ] 물

압지

마술비법 준비하기

1

수성 펜은 색이 잘 나타나요. 압지에 점을 찍어 물을 흘려 보고, 색이 뚜렷한 펜을 골라 두어요.

2

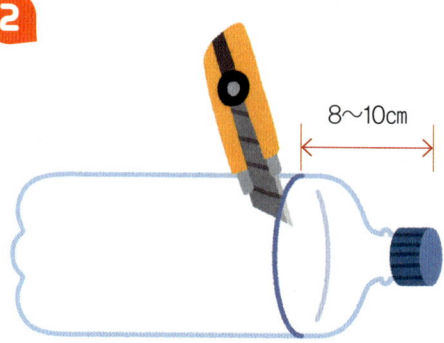

페트병 주둥이로부터 8~10㎝ 아래에 유성 펜으로 표시해요. 페트병을 옆으로 눕히고 표시선 위에 3㎝ 정도 칼집을 넣어요.

3

칼집을 넣은 페트병을 가위로 잘라요.

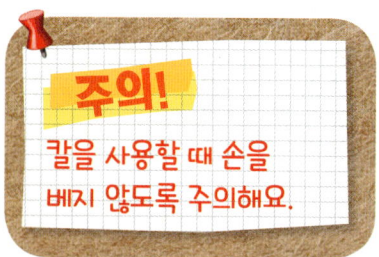

주의! 칼을 사용할 때 손을 베지 않도록 주의해요.

4

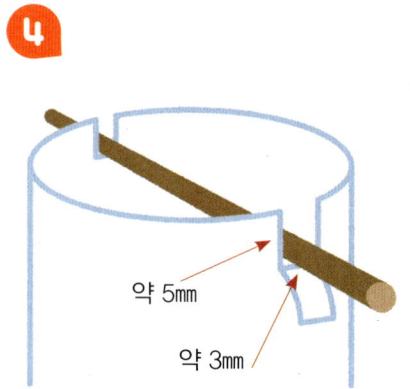

대나무 꽂이를 받칠 수 있게 가위로 잘라요. 다른 페트병도 똑같이 하나 더 만들어요.

5

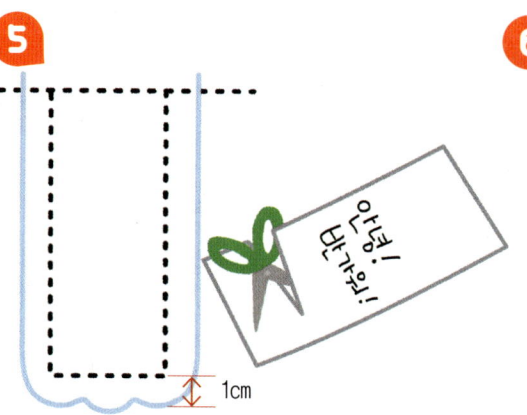

압지의 길이를 조절해요. 대나무 꽂이에 클립으로 압지를 끼워서 ❹의 페트병에 올렸을 때 아래에서 약 1㎝ 뜨도록 2개를 준비해요.

6

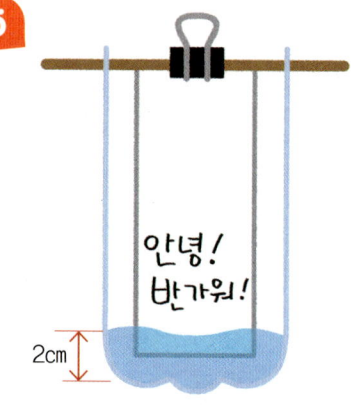

마술을 할 때는 그림처럼 종이가 잠길 수 있게 페트병에 약 2㎝ 정도 물을 넣어 두어요.

물질이 지닌 성질의 마술 5장

 **포인트**

압지에 글자를 쓰고 그림을 그릴 때, 유성 펜을 상대 방에게 건네고 수성 펜은 내가 써요. 펜을 잘못 건네지 않도록 조심해요.

수성 펜은 제조 회사에 따라 색이 다르단다.

 과학으로 마술비법 밝히기

검정 수성 잉크에는 검은색이 잘 나타나도록 여러 가지 색이 섞여 있어요. 색마다 그 색을 이루고 있는 알갱이의 크기와 무게가 다르답니다. 물과 친한 정도도 달라서 압지에 스며든 물이 퍼지는 방식과 퍼지는 거리가 달라요. 그래서 그 거리가 짧은 색부터 띠 모양으로 나뉘어 나타나게 되지요. 그러나 유성 펜의 잉크는 물에서는 흐르지 않기 때문에 알록달록한 띠가 나타나지 않아요.

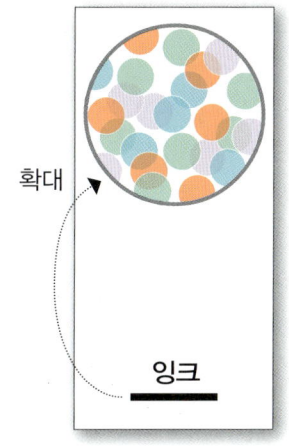
수성 펜으로 종이에 그렸을 때
색의 알갱이가 서로 뒤섞여 있다.

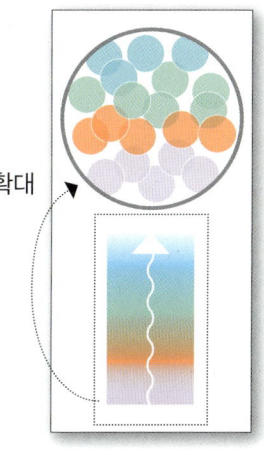
압지에 물을 스며들게 했을 때
물에 잉크가 번지면서 색 알갱이가 나뉜다.

 응용놀이

검정 **수성 펜**으로 수국에 **색**을 입히자!

압지에 유성 펜으로 수국 꽃의 윤곽을 그려요.

색을 입히고 싶은 곳에 수성 펜으로 점을 여러 개 찍어요.

수성 펜으로 그린 점을 물 묻힌 면봉으로 문질러요.

수국이 예쁘게 물들어요.

물질이 지닌 성질의 마술 5장

⭐ 따라 해 보세요!

1

맛있어 보이는 주스예요. 하지만 마실 수 없답니다. 마법에 걸린 기적의 주스거든요.

지금은 보라색이지만 주문을 걸면 제가 말한 대로 색이 바뀔 거예요.

주스를 보여 주고 컵에 따라요.

2

핑크색이 되어라, 얍! 제 명령대로 핑크색이 되었죠?

다른 컵에 주스를 따라요.

3

녹색으로 바뀌어라, 얍! 또 색이 변했어요!

다른 컵에도 주스를 따라요.

4

세 가지 색의 주스가 완성됐어요! 이것이 마법의 힘이에요!

어떻게 된 거지?

3개의 컵을 보여 주고 색의 차이를 확인하게 해요.

준비물

- [ ] 자색 양배추 1/4
- [ ] 500㎖ 페트병 1개
- [ ] 플라스틱 컵 3개
- [ ] 식초
- [ ] 유리용 세제처럼 염기성 표시가 있고 색이 없는 세제
- [ ] 주둥이가 있는 그릇
- [ ] 뜨거운 물이 들어 있는 보온병
- [ ] 냄비
- [ ] 체

자색 양배추

주의!
- 상대방이 액체를 마시지 않도록 미리 주의를 주어요.
- 세제가 눈이나 입에 들어가지 않도록 주의해요.
- 세제 속에 위험한 성분이 없는지 어른에게 물어봐요.
- 뜨거운 물에 화상을 입지 않도록 주의하고 어른에게 도움을 요청해요.

마술비법 준비하기

1
자색 양배추를 3㎝ 크기로 손으로 뜯어 놓아요.

2
❶을 냄비에 넣고 푹 잠길 정도까지 뜨거운 물을 부어요. 색이 충분히 우러나올 때까지 1~2시간 정도 놓아두어요.

즙의 색이 너무 옅을 때에는 체에 남은 자색 양배추를 비닐봉지에 넣고 잘 문질러 즙을 짜서 그릇에 담으면 된단다.

3
❷를 체로 거른 뒤 페트병에 넣어요.

4
식초   세제

3개의 컵을 물로 씻고 안쪽에 물방울을 남겨요. 식초와 세제를 각각 다른 컵에 몇 방울 떨어뜨리고, 남은 컵에는 아무것도 넣지 않아요.

물질이 지닌 성질의 마술 5장

포인트

식초와 세제를 넣었다는 사실을 상대방이 모르도록 컵 속에 물방울을 남겨 두어요. 또 즙의 색이 너무 진해도 색의 변화를 알기 어려우므로 물을 조금 타서 묽게 만들어요.

어느 컵에 무엇을 넣었는지 알 수 있게 컵의 나열 순서를 정해 두어요. 그리고 가장 먼저 물방울만 들어 있는 컵에 자색 양배추의 즙을 붓고 보라색임을 보여 주어요.

물방울만 든 컵에 가장 먼저 붓는다.

식초를 넣은 컵 · 물방울만 넣은 컵 · 세제를 넣은 컵

과학으로 마술비법 밝히기

자색 양배추와 자색 고구마에는 안토시아닌이라는 보라색 성분이 들어 있어요. 이것은 리트머스 종이처럼 산성 물질과 염기성 물질이 닿으면 색이 바뀌어요.

식초는 산성, 세제는 염기성인데, 자색 양배추 즙을 넣으면, 즙 속의 안토시아닌이 산성인 식초는 빨간색, 염기성인 세제는 초록색으로 변화시킨답니다.

자색 양배추 즙을 넣었을 때의 색 변화

빨갛게 된다.　　　초록색이 된다.
＝　　　　　　　＝
산성　　　　　　염기성

무슨 색이 될까?

자색 양배추 즙에 주변에 있는 물질을 약간씩 넣어 보고 산성인지 염기성인지를 알아보아요. 색이 옅은 물질일수록 색의 변화를 알기 쉽답니다. 색이 진한 물질을 조사할 때는 물을 조금 타서 묽게 하여 사용하면 되지요.

> 어떤 색으로 바뀔지 기대되는걸!

주변 물질의 예
- 레몬즙
- 사과즙
- 곤약
- 비누 거품
- 빗물

> 자색 양배추의 보라색이 산성과 염기성의 중간이라고 생각하면 좋아.

산성이 강하다 ←―――――――→ 염기성이 강하다

물질이 지닌 성질의 마술 5장

따라 해 보세요!

1

세제와 소스를 준비했어요. 더러워진 동전 2개를 깨끗하게 해 볼까요?

갈색으로 변한 10원짜리 동전(구리로 된 것) 2개와 때를 벗기기 위해 준비한 세제와 소스를 보여 주어요.

2

평소에 소스는 쓰지 않잖아요. 세제를 고를래요.

자, 소스와 세제 중에 어느 쪽을 쓸래요? 평소에 때를 벗길 때 쓰는 쪽을 고르세요.

상대방이 세제를 고르면, 소스를 동전에 발라요. 마찬가지로 다른 동전 1개에는 세제를 묻히게 해요.

3

이제 종이 냅킨으로 때를 닦아 내요.

어? 깨끗해지지 않는데요?

소스는 어떨까요?

세제를 묻힌 동전을 종이 냅킨으로 문지르게 한 뒤, 소스를 바른 동전을 문질러요.

4

보세요. 깨끗해졌죠? 사실 이 소스는 마법의 소스였어요.

세제를 묻힌 동전과 소스를 발라 깨끗해진 동전을 비교하여 보여 주어요.

준비물

- [ ] 갈색으로 때가 묻은 10원짜리 동전 2개(구리로 된 것)
- [ ] 종이 냅킨 또는 티슈 2장
- [ ] 소스
- [ ] 중성 세제
- [ ] 접시 1장

포인트

상대방 몰래 미리 동전에 소스를 발라 두는 게 좋아요. 1~2분 정도 지나서 문지르면 더 잘 지워지거든요. 종이 냅킨을 정성스레 접는 시늉을 하여 시간을 벌고, 종이 냅킨을 건네어 상대방 먼저 동전을 문지르게 해도 좋아요.

주의!

우리나라 법에 화폐는 훼손해서는 안 된다고 나와 있어요. 동전이 훼손되지 않게 표면의 더러움만 닦아 내고 소중하게 다루어요. 10원짜리 동전 본래의 색이 바뀔 우려가 있으니 중성 세제 말고는 사용하지 마세요.

아주 더러운 10원짜리 동전으로 하면 더 재밌을 거야. 깨끗해진 모습이 확실하게 보이니까.

소스를 발라 둔 시간이 길면 동전의 때를 벗기기가 더 쉬워진단다.

과학으로 마술비법 밝히기

10원짜리 동전의 표면이 갈색으로 변하는 것은 동전의 주재료인 구리가 공기 중의 산소와 결합하여 산화구리가 되었기 때문이에요. 산화구리는 산성 용액에 녹는 성질이 있어요. 소스와 같이 신맛이 나는 물질은 대부분 산성이라서 10원짜리 동전 표면에 있는 갈색 때를 녹이지요. 그러면 10원짜리 동전은 본래 가지고 있던 구리의 빛으로 되돌아가 반짝거린답니다.

여러 가지 조미료를 이용해 보자!

집에는 다양한 조미료가 있어요. 어느 조미료를 썼을 때 때가 가장 잘 벗겨지는지 살펴보세요. 아마도 소스보다 동전을 더욱 반짝거리게 하는 물질이 있을 거예요. 이처럼 산성의 물질이 지닌 성질을 이용하여 만든 물건에는 욕실용 세제도 있어요.

공장이나 자동차에서 나오는 이산화탄소가 비에 녹으면 산성비가 되어 생물에 영향을 주기도 한단다.

조미료의 예
- 간장
- 맛술
- 식초
- 레몬즙
- 마요네즈
- 케첩

1

쟁반에 10원짜리 동전을 나란히 놓고 그 위에 조미료를 발라요.

2 1분 정도 지난 뒤, 물로 씻어요.

와, 반짝반짝해졌어!

3

동전의 변화를 비교해요.

분자의 종류와 화학 변화

분자의 종류가 다르면 성질도 달라요

수성 펜의 잉크에는 다양한 분자(128쪽 참고)가 물속에 섞여 녹아 있어요. '색깔이 변하는 신기한 검정 잉크'(152쪽 참고)의 마술에서 실험한 것처럼 검정 잉크 속에는 여러 색들이 들어 있는데 색마다 분자의 종류가 다르답니다.

분자의 종류가 다르면 분자의 크기와 무게, 물에 퍼지는 정도도 달라요. 가벼워서 물에 잘 녹는 분자일수록 멀리까지 운반되지요. 이것이 '색깔이 변하는 신기한 검정 잉크'의 마술 원리예요.

산성과 염기성에 반응하는 분자

산성인지 염기성인지를 알아보기 위해서 과학 수업 시간에는 리트머스 종이나 BTB 용액을 사용해요.

리트머스 종이는 리트머스이끼에서 뽑은 색소로 만든 종이예요. 우리 주변에도 산성이나 염기성 물질이 닿으면 색이 변하는 색소를 쉽게 찾을 수 있어요. 자색 양배추에 들어 있는 안토시아닌도 그중의 하나예요. 안토시아닌이라는 색소는 산성 용액이 닿으면 빨간색으로 변해요. 염기성 용액이 닿으면 파란색이나 초록색으로 변하고요. 안토시아닌 분자가 산성이나 염기성과 반응해서 분자의 구조가 바뀌기 때문이지요. '주문을 걸면 변신하는 기적의 주스'(156쪽 참고)에서는 이러한 안토시아닌 분자의 성질을 이용했어요.

종류가 다른 잉크 분자

가볍고 물에 잘 풀리는 잉크 분자일수록 멀리 운반된다.

안토시아닌의 변화

안토시아닌은 산성이나 염기성 용액이 닿으면 분자의 구조가 변한다.

산성일 때는 빨간색이 된다.

염기성일 때는 파란색이나 초록색이 된다.

안토시아닌은 자색 양배추 외에도 나팔꽃이나 가지 껍질, 자색 고구마에도 들어 있단다.

화학 변화로 깨끗해진다!

150쪽에서 물질의 '상태 변화'를 설명했지요? 상태가 변해도 물질이 가지고 있는 고유의 성질은 변하지 않아요. 예를 들어 물이 얼음, 수증기로 상태가 변하더라도 물 자체가 가지고 있는 성질은 변하지 않지요. 분자의 종류가 변하지 않기 때문이에요.

상태 변화와 달리 물질의 고유한 성질이 바뀌어 새로운 물질이 되어 버리는 것을 '화학 변화'라고 해요. 이때는 분자의 종류가 변한답니다.

예를 들어, 구리 금속으로 된 10원짜리 동전은 표면에 아주 얇게 산화구리라는 물질로 싸여 있어요. 산화구리는 구리가 화학 변화하여 생긴 거랍니다. 10원짜리 동전의 표면에 있는 구리 분자가 공기 중의 산소와 결합하면 화학 변화하여 산화구리로 변하거든요. 산화구리는 구리와는 다른 성질을 가지고 있어요. 구리는 붉은 빛이 도는 금색으로 반짝이지만 산화구리는 칙칙한 갈색으로 반짝이지 않지요.

산성 물질은 산화구리를 잘 녹이는데, 이것도 화학 변화의 하나예요. 소스에는 산성 물질이 들어 있기 때문에 산화구리를 잘 녹일 수 있지요. 구리는 약한 산성에서는 잘 녹지 않기 때문에 '때를 벗기는 마법의 소스'(160쪽 참고)에서는 구리는 녹지 않고 산화구리만 녹아서 동전이 원래의 구리 색을 찾을 수 있었답니다.

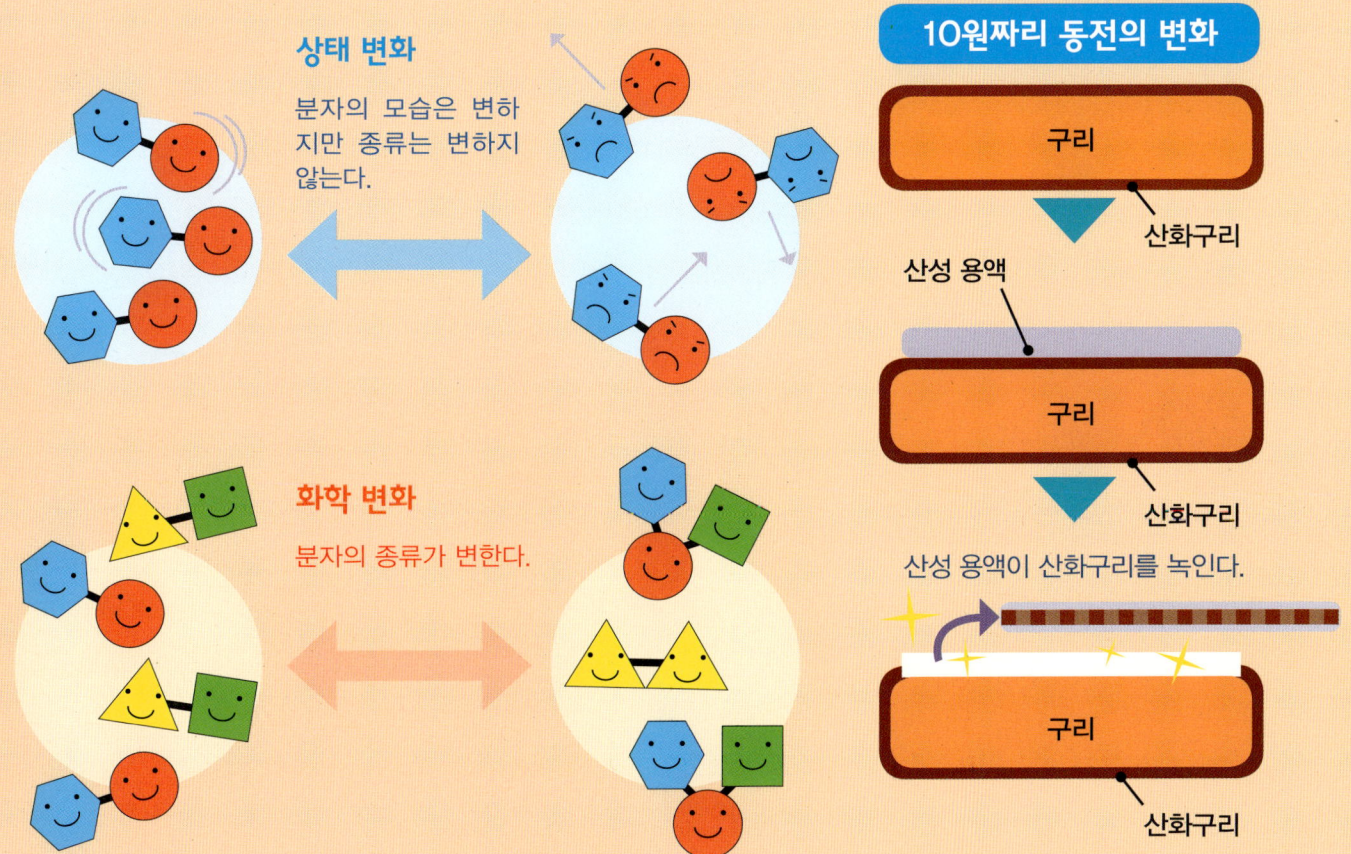

찾아보기

ㄱ

강자성체 76
고분자 129
고체 138, 139, 150, 151
공기 54, 55
공기 저항 109
과냉각 151
관성 118
구리 162, 165
굴절 24, 25
굴절률 25
기체 138, 150

ㄴ

난반사 25
네오디뮴 자석 70, 80, 81, 84, 85
녹말가루 129, 137, 139

ㄷ

다일레이턴시 139
대기압 47, 53, 54, 55
도선 88

ㄹ

리트머스 종이 144

ㅁ

만유인력 100
모터 88
무중력 상태 101

ㅂ

반사 25, 26
볼록 렌즈 26
부력 63
분자 128, 129, 138, 150, 151, 164
빛 24, 25, 26, 27, 36, 37, 38
빛의 3원색 35, 37

ㅅ

산화구리 162, 165
산성 159, 162, 163, 164
상태 변화 150, 165
수증기 51

ㅇ

아세트산나트륨	147
압력	54, 55, 64, 65, 66
안토시아닌	159, 164
액체	138, 150
염기성	159, 164
오목 렌즈	26, 27
용해열	151
원심력	101
원자	128, 129
유체	55, 64, 65, 66, 108
잉크의 3원색	38

ㅈ

자기력	71, 75, 76, 77
자기력선	77
자기장	77, 89
자석	71, 75, 76, 77, 81, 85, 88, 89
자외선	30, 31, 37
전반사	25
전자	90
전자석	88
전자 유도	89
정반사	25
정전기	87, 90
주기	113, 118
중력	99, 100, 101
진공	109
진자	113, 118
질량	100

ㅋ

코일	81, 88, 89

ㅍ

파장	37
페라이트 자석	70
표면장력	138, 139
프리즘	36

ㅎ

하이포(티오황산나트륨)	147, 151
화학 변화	165
형광	31
형광 증백제	31

한눈에 보는 과학마술

1장 빛의 마술
그림이 사라진다고? 색이 바뀐다고?
다양한 빛의 성질을 알 수 있어요!

사라진다!
변했어!
빛이 나!

2장 압력과 공기의 마술
공기는 천하장사! 공기의 힘을 알 수 있다!

부풀었어!
흘러내리지 않아!

3장 전기와 자석의 마술
눈에 보이지 않는 굉장한 힘!
자기력이 생겨나는 원리가 보인다!

구부러졌어!
잘라 봐!
꽃이 피었어!

4장 운동과 힘의 마술

물체는 왜 떨어지는 걸까? 왜 멈추고 왜 움직이는 걸까?
모든 이유를 알 수 있다!

똑같이 떨어졌어!

멈췄어!

움직여!

떨어지지 않아!

5장 물질이 지닌 성질의 마술

마이크로 세계는 재밌어!
신기한 물체의 성질을 알 수 있다!

낚았다!

잡을 수 있어!

새지 않아!

움직여!